우리는
누구나
무협을
끔끈다

: 무협 활극 탐구기

이종철 지음

어문학사

목차

Chapter 1.

무협의 연원과 계보, 사상적 배경

Chapter 1.
무협의 연원과 계보, 사상적 배경

무협(武俠)은 중국 문화의 한 축이다. 저 춘추전국의 실존 인물부터 현대의 수많은 무협 관련 콘텐츠까지, 무협은 중국인들의 가슴에 면면히 살아 숨 쉬고 있다. 중국에서 무협 소설의 인기는 두말할 것도 없고, 무협 영화라는 하나의 독립된 장르가 형성되어 있으며, 중국 텔레비전에서는 무협물이 365일 일상적으로 소비되고 있다. 애니메이션, 게임 등으로 영역은 계속 확장되고 있다. 물론 무협은 중국만의 것이 아니어서, 예컨대 우리 한국에도 수많은 무협 매니아들이 있고, 우리 역사에도 무협이라고 이름을 붙일 만한 수많은 인물과 사건이 존재했다. 협객, 대협, 호협, 협녀 등등의 명칭들은 우리에게도 퍽 익숙하다.

자, 그렇다면 대저 무협이란 도대체 무엇일까? 무협은 언제 어떻게 출발했고, 또 어떤 과정을 거쳐 변화되어 왔을까? 우선 한번 총체적으로 살펴보는 일이 필요할 것 같다.

1. 무협, 그 이름을 들여다보다

주지하듯 한자는 표의성이 강하다. 따라서 글자와 단어만 잘 들여다봐도 그 개념이 대략 파악되는 경우가 많다. 과연, 무협이라는 두 글자를 좀 자세히 들여다보면 벌써 그 개념이 좀 잡힌다. 무(武)는 우리가 흔히 굳셀 무(武)로 외운다. 형용사로 쓰일 때는 굳세다, 용맹하다라는 뜻이고, 명사로는 무기, 전술, 병법 등의 의미로 사용된다. 즉 뭔가 힘을 쓰고, 무기를 다루고, 싸움을 한다는 뜻이렷다. 자, 이번엔 한자의 조자법인 육서(六書)에 근거해 글자를 분석해보자. 무는 기존에 있는 두 개 이상의 글자(의미)를 더해 만드는 회의(會意) 문자에 속한다. 즉 무기(戈)로 난을 막는다(止), 멈추게 한다는 의미다. 다음으로 협(俠) 자를 살펴보자. 협(俠) 역시 회의 문자다. 사람 인(人)과 낄 협(夾) 자가 합쳐져 만든 글

자다. 사람 사이에 끼어든다. 여기에 핵심이 이미 다 나와
있다. 요즘 식으로 말하자면 오지라퍼, 즉 오지랖이 넓은
사람이다.

자, 정리해보자. 무협이란, 그 글자를 해석해보면 뛰어난
싸움 실력을 가지고 사람 사이에 끼어드는 사람, 좀 더 나
아가 약자의 편에 서서 강자의 횡포를 저지하는 사람으로
정리해볼 수 있겠다. 음, 이제 대충 감이 잡힌다.

의기로울 협(俠)

2. 영웅이라는 것

뒤에서 자세히 다루겠지만 장예모가 작정하고 만든 무
협 영화 중에 <영웅>이라는 영화가 있다. 2002년 개봉 당
시 중국 영화의 흥행 기록을 새로 쓰며 엄청난 화제를 모았
고, 중국을 넘어 세계적으로도 흥행에 성공했으며 그해 아

영화 <영웅> 포스터

카데미 외국어상 후보로도 오른 바 있다. 그에 바로 앞서 리안의 <와호장룡>이 세계적인 열풍을 일으키면서 2000년 초반에 무협 영화의 강풍이 분 바 있다.

자, 이번에는 이 '英雄'이라는 단어에 좀 주목해보자. 장예모는 왜 이 '영웅'이라는 단어를 제목으로 사용했을까. 어찌 보면 너무 진부하고 평범한 제목이 아닌가. 그것이 영화의 내용에 잘 부합하는 제목이었을까. 과연 이 제목이 흥행에 영향을 주었을까. 개봉 당시 나는 그런 생각들을 했었던 것 같다.

영어의 Hero에 해당되는 영웅이라는 단어, 사전을 들추면 대략 이런 설명이 나온다. 일반적인 의미로 "지혜와 용기가 뛰어나 대중을 이끌 만한 이상적인 사람, 혹은 보통사람은 하지 못하는 일을 하여 열광을 받는 사람"을 일컫는다. 자, 이 한자 단어 '영웅'은 본래는 사람을 지칭하는 말이 아니라 금수 중에서 뛰어난 신체 능력을 지닌 우두머리를 가리키는 단어였다. 그것이 인신(引伸)되어 사람을 가리키게 되었을 때도 그 특징은 여전히 이 '신체적 능력'에 있었다. 즉 만인적(萬人敵), 혼자서 만 명을 대적할 만큼의 뛰어난 신체 능력을 지닌 자가 바로 영웅이라는 말인데, 여기서 말하는 신체 능력이란 곧 싸움 능력을 가리키는 것이다. 즉 뛰어난 싸움 실력을 갖고 보통 사람이 하지 못하는 일을 하는 자를 가리킨다고 보면 되겠다. 이렇게 살펴보니 이 영웅이라는 단어는 우리가 계속 살펴보려는 무협, 협과 의미와 개념이 일맥상통하는 것 같다.

3. 사마천의『사기史記』

무협의 기원을 논하는데 웬 사마천이냐고? 다 이유가 있다. 무협, 협객, 협이 무엇인지에 대해 논자에 따라 이런저런 다양한 정의를 내릴 수 있을 것이다. 그러나저러나 무협에 대한 가장 오래되고 본격적인 설명은 바로 사마천의『사기』에 있다. 그러니까 2,000년 전의 역사서『사기』에 무협에 대한 정의가 적혀있는 것이다. 사기의 열전 중「유협열전」을 보면 다음과 같은 설명이 있다.

> "그 행동이 비록 정의에 들어맞지는 않으나 그들의 말에는 반드시 믿음이 있었고, 그들의 행동은 언제나 과감하여 일단 승낙한 일에 대해서는 반드시 성의를 다해 지켰다. 또한 자신의 몸을 버리고 남의 고난에 뛰어들 때에는 자신의 생사를 돌보지 않았다. 그러면서도 자신의 능력을 자랑하지 않았고 그 덕을 자랑하는 것을 오히려 수치로 여겼다."

우리는 누구나 무협을 꿈꾼다

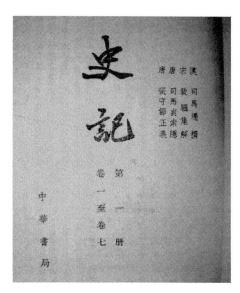

사마의 『사기』 중화서국 간

　사마천은 이어서 설명한다. 역사에 남는 유명한 인물들
도 살면서 여러 곤경에 처하는데, 하물며 일반 서민들이야
오죽하겠냐는 것이다. 사마천은 그런 서민들이 기댈 수 있
는 최후의 보루가 바로 유협들이라며, 그들의 존재와 가치
를 뜨겁게 인정해주고 있다.

　자, 사마천의 명쾌한 설명을 들으니 이제 무협의 개념과
형태가 슬슬 한눈에 들어오는 것 같다. 그렇다면 사마천이

평한 춘추전국 시기와 한대의 협객들에 대한 이야기를 좀 더 구체적으로 살펴보자. 먼저 「유협열전」 속 인물들을 좀 보자. 주가, 전중, 왕공, 극맹, 곽해 5명의 이야기를 싣고 있다. 주가는 난세 속에서 수많은 이들의 목숨을 구했지만 그 스스로는 공을 드러내지 않고 조용히 산 인물이다. 계포라는 장군이 위험에 처하자 그를 숨겨서 도와주었는데, 훗날 계포가 높은 벼슬에 올라 주가를 찾으니 주가는 오히려 연락을 끊어버리기도 했다. 곽해는 어떤가. 곽해는 주가와는 또 다른 유형의 인물이다. 곽해는 젊은 날 넘치는 혈기로 무도한 일을 행하는 경우가 많았다. 또한 동시에 그는 약자들을 도와주기도 해서 사람들은 그를 두려워하는 한편 좋아하기도 했다. 곽해는 나이가 들어가며 개과천선하듯 더 큰 협객이 되었다. 이런 에피소드가 유명하다. 곽해가 자신의 조카를 살해한 이를 붙잡았지만, 자초지종을 듣고는 조카가 잘못했음을 받아들여 그를 놓아주었다는 이야기다. 이 에피소드로 인해 곽해의 명성은 더욱 높아졌다.

사마천은 이 「유협열전」 외에도 「자객열전」을 따로 두어 전국시대의 협객 5명에 대해 논하고 있다. 사실 자객이라 하면 대개 좀 부정적인 이미지를 떠올린다. 왜 그런가. 일반적으로 자객은 누군가를 몰래 죽이는 일을 하는 사람으로 알려져 있으니, 어둡고 부정적인 것 같고, 뭔가 좀 정정당당하지 못한 이미지를 먼저 연상하는 것이다. 하지만 사기의 「자객열전」에 언급된 인물들은 결코 그런 인물이 아니다. 다시 말하면 자객 중에는 의로운 자객도 있는 것이다. 무턱대고 살인을 일삼거나 자신의 주관 없이 남의 사주를 받아 사람을 해치는 부류라면 결코 협이라는 이름을 달 수 없다. 여기서 다루는 자객들은 분명한 대의와 명분을 갖추고 있는 인물들이다. 그리하여 사기 속 「자객열전」은 「유협열전」과 맥을 같이 하는 의인이자 협객들이다. 자, 「자객열전」 이야기 속으로 좀 들어가보자.

역시 가장 유명한 인물은 형가다. 형가가 진시황 암살을 시도한 것은 너무나 유명한 이야기라 중국인이라면 모르는 이가 없을 정도이고, 수많은 드라마, 연극, 영화 등에서도 이 이야기가 다루어졌다. 앞서 말한 장예모의 <영웅>도 이 이야기를 근간으로 만든 영화이고, 천카이거도 <시황제 암살>이란 영화에 형가의 암살 시도를 거의 그대로 옮겼다. 형가는 암살 시도가 실패로 끝나 결국 비참한 죽음을 맞지만, 그가 죽어가면서도 끝까지 소신을 굽히지 않고 진시황을 향해 일갈을 날리는 모습은 강한 인상을 남긴다. 그야말로 고대 '무협'의 이미지에 여러모로 잘 부합하는, 상징적인 인물이라 하겠다.

예양의 이야기도 인상 깊다. 그는 자신이 따르던 '지백'이라는 이가 연합군에 의해 패하고 죽임을 당하자 복수를 다짐하는데, 특히 그 원수가 지백의 두개골로 술잔을 만들었다는 소식을 듣고는 분노를 터뜨린다. 예양은 죄인으로 가장하여 칼을 품고 원수에게 접근했다가 발각당한다. 원수는 그를 의인이라 여겨 풀어주지만, 예양은 포기하지 않고 또 한번 기회를 노린다. 다시 붙잡힌 예양은 원수의 옷이라도 베게 해달라 부탁한 뒤 미련 없이 자결한다. 이 예양의 행동을 두고 나온 말이 있다. 남자는 자신을 알아주는 이를 위해 목숨을 바친다.

4. 삼국지 속 협들

삼국지, 동아시아의 영원한 베스트셀러, 천년의 고전. 우리나라에서도 삼국지의 인기는 두말하면 잔소리다. 그런데 삼국지에 무슨 딱 떨어지는 협이 있냐고 물을지도 모르겠다. 자, 무협이 누구인가. 협객은 약자의 편에 서서 강자의 횡포를 두고 보지 않는다. 탐관오리를 처단하거나 약자의 원수를 갚아주려 나선다. 불의를 참지 않고 약자를 대신해 무력을 쓰는 행동, 그런 협들이 당연히 삼국지 속에도 다수 존재한다. 꼽는다면 누구일까.

가장 먼저 신이 된 남자 관우가 떠오른다. 관우 하면 의리와 충정의 화신으로 먼저 기억되지만, 관우의 출신과 그가 유비와 합류하게 되는 과정을 보면 전형적인 협객의 모습이라는 것을 알 수 있다. 다시 말해 삼국지에 합류 전 애초 관우의 삶이 협객이었다는 말이다. 물론 관우의 출신 성분과 초기 행적에 관한 기록이 불명확하지만, 탐관오리를 죽이고 이름을 고쳤다는 판본이 따로 있는 것으로 보아 그가 협객이었다는 것을 어렵지 않게 추측할 수 있는 것이

영화 <삼국지: 명장 관우> 스틸 컷

다. 삼국지 속에서 그려지는 관우의 모습을 생각해보라. 아무 지위도 없던 시절에도 당연히 강자의 횡포를 두고 보지 않았을 것이고, 약자를 도왔을 것이고, 싸움 실력 역시 출중했을 것이다. 괜히 의리, 충정, 무예의 화신이 된 게 아니란 말이다. 유비와 의형제를 맺고 장군이 된 시절은 어떠한가. 그가 조조의 포로가 되었을 때, 관우의 충정을 높이 산 조조가 아무리 회유하고 자기 편으로 만들어보려 해도 관우는 한 치의 흔들림 없이 유비만을 바라보았다. 그리고 그 유명한 오관참육장(五關斬六將) 대목을 보라. 그 얼마나 멋진 협객의 모습인가.

비록 유비군과 대척에 있는 조조군이지만 그 휘하에 있던 위나라의 하후돈, 서서, 전위 등도 협객의 범주에 넣을 수 있겠다. 하후돈은 훗날 위나라의 대장군으로 명성을 날렸는데, 청년기에도 자신의 스승을 욕보이는 자를 죽여 이름을 널리 알렸으니, 그야말로 전형적인 협객의 길을 걸었던 셈이다. 전위 또한 협객으로 명성이 높다. 젊은 시절 뛰어난 싸움 실력, 기개와 결기로 지인의 원수를 갚아주었고, 이로 인해 널리 알려지게 된 인물이다. 서서 역시 젊은 시절 피가 뜨거운 협객이었다. 칼을 잘 썼고, 사람을 죽여 옥살이를 한 적이 있으나 호송 중 그를 따르는 형제들의 도움으로 탈출을 했다. 그의 용감무쌍한 기개와 무력은 소문이

우리는 누구나 무협을 꿈꾼다

파다했으니 그 또한 협객의 자격이 충분히 있다.

5. 수호지의 108 영웅

다음으로 수호지를 말할 차례다. 수호지야말로 협객 소설의 원조쯤 되는 작품이다. 이후 협객 소설, 협의 소설, 나아가 현대적 의미의 무협 소설에 지대한 영향을 끼친 작품이다. 중국 강호에서 흔히 말하는 영웅호걸의 다양한 형상과 인물이 바로 이 수호지 속에 넘치게 담겨있으니 말이다. 이 '수호(水滸)'라는 제목 자체가 걸작이다. 물가의 이야기, 여기서 물가란 어떤 의미인가. 뭍과 물, 즉 한 발짝만 들어가면 물속이다. 즉 수호지 속 인물들은 경계에 있는 이들이다. 다시 말해 적법과 불법의 경계를 오가며 사는 인물들이고 법망에 들어오지 않는, 자유인들이다. 한마디로 수호지의 인물들은 국가의 통제에서 벗어난 인물들이다. 게다가 그들에겐 강호에서 통용되는 별칭들이 있다. 급시우, 화화상, 흑선풍 등이 그것인데, 이런 별명들이 괜히 붙은 것이 아니다. 이 별명은 그들이 대중의 사랑을 받았다는 것을 증명하는 훈장과도 같다. 그리하여 사람들은 그들을 가리켜 호걸이니, 호한이니 이름으로 부르는 것이다.

드라마 <신新수호지> 스틸 컷

수호지는 특히나 시대 배경을 잘 봐야 한다. 부패한 조
정, 무능한 관리, 백성들의 피를 빠는 탐관오리들이 판을
치던 시대. 수호지의 인물들은 그런 조정의 공권력에 맞짱
을 뜬 반항적인 인간들이다. 수호지를 통해 반항을 배웠다
는 표현도 그런 맥락에서 이해하면 더 좋을 것 같다. 수호
지도 판본이 다양한데, 어떤 판본이든 무협들의 활약상이
가득하며 강렬한 비장미를 가지고 있다. 복수와 피가 난무
하는 잔혹한 판타지가 가득하고 비정한 리얼리즘도 곳곳에
깔려있다. 힘없는 백성의 고혈을 빨아 군림하는 기득권층
을 징벌하고, 가진 자들만을 위한 사회제도의 허위를 깨부

우리는 누구나 무협을 꿈꾼다

수는 통쾌한 반항아의 모습은 보는 이의 가슴을 절로 시원하게 한다. 이처럼 고대 무협들에게 폭력은 그들의 존재를 드러내는 수단이었고, 또한 자신의 가치를 실현하는 행위이기도 했다. 삼국지를 비롯한 여러 작품 속 인물들도 무협의 시각에서 바라볼 수 있지만, 무협의 본질에 좀 더 접근하는 인물들은 역시 수호지의 호걸들인 것이다.

수호지 속에서 대중들이 가장 열광하는 인물은 우선 흑선풍 이규다. 그는 예컨대 삼국지의 장비, 서유기의 저팔계가 그렇듯 일단 물불 안 가리고 한판 벌이고 시작하는 캐릭터, 즉 행동이 앞서는 인물이다. 하지만 대중들은 그의 시원시원하고 인간적인 매력에 빠져든다. 아무튼 튀는 캐릭터, 사고뭉치 돌출형 인물이지만 거침없는 천하의 싸움꾼 이면에는 의리와 충직함, 그리고 인간적인 매력과 천진스러움도 동시에 있다. 그래서 민중이 가장 좋아하는 인물로 그를 꼽는 것이다.

한 명만 더 꼽아보자면, 수호지 초반부를 장식하며 강렬한 인상을 주는 인물 노지심을 빼놓을 수 없다. 수호전 초반에서 그가 좌충우돌하는 모습은 강력한 흡인력을 발휘한다. 온몸에 문신을 하고 있다 하여 붙여진 화화상이라는 별명, 그는 원래 연안부에서 하급 장교로 지냈으나 불의를 참지 못하는 불같은 성격 때문에 위기에 처한 마을 주민을 돕다 사건에 휘말린다. 이 일로 관가에 쫓기게 된 노지심은 몸을 숨기기 위해 출가를 하고 팔자에 없던 스님 행세까지 하게 되는데, 속세의 인간이 절에 숨어들었으니 당연히 말썽이 없을 수 없다. 그가 술과 고기를 탐하는 통에 벌어지는 여러 가지 코믹한 상황들은 이야기에 활력을 불어넣어 주기도 한다. 거칠고 무뚝뚝해보여도 속정이 따뜻한 사나이, 그가 바로 노지심이고 대중들에게 사랑받는 협 중의 협인 것이다.

6. 아녀영웅전, 삼협오의

중국 역사의 마지막 봉건 왕조인 청 말에 이르면 이른바 의협 소설, 혹은 공안 소설이 더욱 광범위하게 유행하는데, 그중 다뤄볼 만한 작품으로 『아녀영웅전』과 『삼협오의』가 있다. 무협의 계보를 살펴볼 때 더불어 한 번쯤 언급하면 좋은 작품들이다.

먼저 『아녀영웅전』은 어떤 이야기냐, 무술과 재색을 겸비한 협녀 하옥봉의 활약을 그리고 있는 소설이다. 신분제 사회 속 여성은 약자 중 약자다. 그토록 차별받는 여인의 몸이지만, 불의를 보면 절대 참지 않고 약자를 위해 칼

中國武俠的開山鼻祖，硬漢偵探小說的先河

包公與忠烈俠義的經典之作

龐圖開大學士包公贓案為主幅，輔以王朝、馬漢、張龍、趙虎開封府四義士，且有個性分明的三俠五義情義相挺，終究邪者必遭凶殃，正者終逢吉庇，在情節緊湊、充滿魅力的過程中，照彰不爽，報應分明！

中國古典小說18

三俠五義

石玉昆 著

청대 협의 소설 『삼협오의』

을 드는 여걸의 이야기는 보는 이를 통쾌하게 만든다. 이른바 협녀의 전형을 만들며 많은 이들의 열광을 이끌어낸 작품이다. 호방한 여성 호걸과 부드러운 남성을 등장시켜 대비시킨 것도 기존의 협의 소설과 차별되는 지점이다. 유명한 작품이다 보니 이 또한 드라마나 영화로 여러 번 만들어진 바 있다.

『삼협오의』역시 청나라 말의 소설인데, 우리에게도 잘 알려진 송나라 포청천을 중심으로 세 명의 협객과 다섯 명의 의적이 활약하는 이야기다. 실제 인물인 송의 황제 인종과 명판관 포청천을 등장시키되 나머지 이야기는 모두 가공했는데, 민간의 호걸들이 종횡무진 활약하며 악당을 해치운다는 이야기로 많은 대중들에게 사랑을 받았다. 작품이 유명해지다 보니 후에 다른 인물을 더한 『칠협오의』라는 작품이 따로 나오기도 했고 『소오의』같은 아류작들이 범람하기도 했다.

『아녀영웅전』도 그렇고 『삼협오의』도 그렇고 불합리한 일들이 난립하는 복잡한 난세 속에서 민중의 편에 서서 악당들을 해치우는 협객들의 이야기는 카타르시스를 선사하며 많은 사랑을 받았을 것이다.

7. 대도왕오

거시적으로 보면 이 무협들은 시대가 흐르면서 그 형태와 위치가 점차 변화해갔다. 한대 이후 사회가 안정화되고 점점 더 중앙의 통제가 강화되면서 법체계도 촘촘해짐에 따라 이 협들의 활약과 무대도 축소되고 점차 옅어지게 된 것은 어쩔 수 없는 현실이었다. 또한 초기에 자유롭게, 개인적으로 활동했던 협들이 점차 세력화, 조직화되고 경우에 따라서 정치적 색채를 띠게 됐다는 점도 하나의 뚜렷한 변화 중 하나일 것이다. 하지만 그럼에도 불구하고 무협의 전통은 결코 끊기지 않고 면면히 이어지면서 중국 문화의 커다란 한 축으로 작용했다. 앞서 춘추전국과 한대의 협객, 그리고 위진남북조의 협, 그리고 송대의 협까지 살펴보았다. 시간을 건너뛰어 청 말에 유명했던 실존 인물 왕오에 대해 조금 더 이야기해보겠다.

왕오는 큰 칼을 잘 써서 대도(大刀)라는 호칭으로 불렸고, 사람이나 귀중품 운반을 책임지는 표국(요즘의 운송 보안 회사)의 사장으로 전국적인 유명세를 가지고 있었다. 왕오의 표국이라는 깃발을 꽂으면 산적이나 건달들이 감히 덤벼들 생각을 하지 않았다는 말이 있을 정도다. 왕오는 어렸을 때부터 남다른 신체로 각종 무술을 익혔고, 무림 인사들과 사귀

영화 <대도왕오> 포스터

며 협과 의를 행하여 이름을 알려갔다고 한다. 청나라가 망국의 길로 접어드는 것을 보고 비분강개했고 이를 타개하고자 애를 썼던 당대의 일급 지식인인 담사동, 강유위 같은 이들과도 교류했다고 전해진다. 장철과 포극례 감독은 그의 일대기를 영화로 만들었으니 1973년작인 <대도왕오>가 그것이다. 청 말 변법유신을 주도했던 담사동과 그를 돕는 왕오의 뜨거운 우정을 담은 무협 영화로, 왕오가 어떤 인물인지를 잘 알 수 있는 영화이기도 하다. 1993년 만들어진 <일도경성>이란 영화도 왕오를 주인공으로 한 영화다. 이처럼 근대 무술 영웅이자 협객으로 이름을 날린 왕오의 이야기는 현재까지도 회자되며 계속해서 영화화, 드라마화되고 있다.

8. 무협의 사상적 배경에 대하여

자, 그러면 이어서 이 무협의 정신, 즉 사상적 특징에 대해 좀 더 살펴보고자 한다. 이미 개념과 계보 등에 대해서 살펴보았으니, 그 정신적 뿌리가 어디에 바탕을 두고 있는지를 좀 살펴보면 우리가 무협을 이해하는 데 도움이 될 것이다.

일단 무협하면 도가적 가치가 떠오른다. 무협 영화나 무협 소설 속 주인공은 대개 탈속하여 초야에 묻혀 지내는 경우가 많다. 그러다 잠시 어지러운 속세에 등장하여 정의의 심판을 한 뒤 다시 속세를 등지고 떠나간다. 영화 속 배반과 복수, 욕망, 절정의 무예와 폭력도 결국 다 부질없다는 것을 증명하고 은둔으로 돌아간다. 비우고 떠나가는 것, 그것은 역시 도가적 가치다.

그렇다고 무협에 유가적 정서가 없느냐 하면 천만의 말씀이다. 영화 속 주인공들은 모두 제세구민(濟世救民)의 기치(旗幟)를 걸고 현실에 뛰어들지 않던가. 물론 처음부터 적극적으로 개입하지는 않고 마지못해 나서는 경우가 많지만, 일단 맡은 이상 사마천의 말처럼 철저히 임무를 완수한다. 또한 그들에게도 충과 효는 꼭 지켜야 할 가치고, 받은 것은 반드시 돌려주는 복수의 셈법 역시 철저히 현실에 기반을 두고 있지 않은가.

세 번째로 묵가의 이미지도 빼놓을 수 없다. 그러고 보니 묵가의 여러 출신설 중 하나가 협객 출신이라는 설이다. 약자의 편에 서서 강자의 횡포를 두고 보지 않고 맞선다는 점, 아무런 대가를 바라지 않고 폭력의 한복판에 뛰어든다는 점, 그리고 고독하고 검소하며 강건한 이미지 등은 무협 영화 속 주인공들과 썩 닮았다.

불교적 요소 역시 빠뜨릴 수 없다. 이런저런 설명을 다 제쳐두고 일단 중국 무협을 논하면서 소림사를 빼놓을 순 없지 않은가. 종합해보면 무협, 무협 영화의 사상적 스펙트럼은 굉장히 넓다고 볼 수 있는 것이다.

9. 무협 영화의 서사

다음으로 무협의 서사에 대해 좀 이야기해보자. 무협의 메인 테마는 뭐니 뭐니 해도 '복수'다. 무협 영화에 복수가 빠지면 말하자면 팥소 없는 찐빵 같은 것이 된다. 가족, 친구, 스승에 대한 복수가 주요 서사가 될 터이다. 그리고 현실의 여러 제약을 뛰어넘는 시원하고 호쾌한 액션, 그것이 뒷받침되어야 한다. 그래야 무협의 맛이 산다. 노래가 만국의 공통어이듯 액션 또한 그러하다. 관객들이 무협 영화에 기대하는 가장 큰 것 중 하나가 바로 이 액션일 것이다.

그러니 강렬한 복수, 호쾌한 액션이 빠진다면 그것은 제대로 된 무협 영화가 되질 못한다. 어설픈 로맨스를 끼워넣거나 애매한 코미디, 혹은 판타지 등을 가미하는 순간 그것은 이도 저도 아닌 잡탕이 되기 쉽고, 주저주저하거나 뭔가 메시지를 더하려고 하면 영화는 산으로 가게 된다. 일도양단의 단순함과 순수함, 그리고 강렬한 복수가 완성되어야 무협 영화로서 제대로 맛을 낼 수 있는 것이다. 장철, 호금전의 60, 70년대 무협 걸작들은 바로 그 공식을 잘 갖추고 있다. 그 뒤를 잇는 서극의 여러 수작들, 리안의 <와호장룡> 같은 명작들도 무협의 핵심을 잘 살리고 있다. 과거에 비해 중국 영화의 파이가 엄청 커지고 기술도 비약적으로 발전했지만 이렇다 할 무협 영화가 나오지 못하는 이유, 다른 데 있는 것이 아니다. 무슨 수정주의네, 포스트모더니즘이네 이런저런 표현을 갖다 붙여봐도 빈약하고 구차할 뿐이다.

다음으로 무협 영화의 시, 공간적 배경과 분위기에 대해 좀 이야기해보려 한다. 무협 영화의 시간적 배경은 일단 고대가 되어야 한다. 좀 다르게 말해서 총이 나오기 시작하면 곤란하다. 무기는 역시 칼이나 활이어야 한다. 대략 그런 이유로, 이소룡과 성룡의 영화들을 무협 영화로 부르기엔 좀 애매하다. 즉 <당산대형>이나 <정무문>, <사망유희>, 그리고 성룡의 <취권>, <사형도수> 등을 무협으로 칭하는 건 영 어색하다. 물론 그들의 정신 역시 협일 수 있으나 일단 그 영화들은 무협 영화가 되기엔 시대적 배경이 좀 맞지 않는다. 그냥 무술 영화, 혹은 권격 영화 정도로 부를 수 있을 것 같다. 또 하나, 성룡의 영화는 대개 누구나 볼 수 있게 자극적이지 않고 유머와 휴머니즘을 장착하고 있는데, 바로 그 부분 또한 무협 영화와는 결이 다른 것이다. 다시 말해 성룡 영화에는 무협 영화 특유의 '비장미'가 결여되어 있는 것이다. 무협의 공간은 두말할 것 없이 '강호'다. 강호란 어디인가. 사람이 있는 곳이 곧 강호다. 물론 무협 영화를 무협 영화답게 채색하는 구체적인 강호의 공간은 가령 이러하다. 특유의 분위기를 조성하는 무성한 대나무숲, 고요한 달빛이 반짝이는 갈대밭, 또는 북적거리는 객잔, 활기 넘치는 저잣거리. 뿐인가, 나룻배가 떠다니는 강가, 모래가 휘날리는 사막도 빠뜨릴 수 없다. 그리고 그 공간에서 절대 빠지면 안 되는 것이 무협 영화 특유의 낭만적 색채일 것이다.

Chapter 2.
초기 무협 영화

Chapter 2.
초기 무협 영화

무협 영화란 당연히, 무협의 세계를 그린 영화를 말한다. 무협에 대해서는 앞장에서 총체적으로 다루었으니 참고하시길 바란다. 자, 그르므로 무협 영화는 무협의 정신과 그 특징을 구현하는 영화로, 무엇보다 만국 공통어인 액션의 비중이 많다는 것이 형식적 특징이라 할 수 있다. 멀게는 춘추전국부터 가깝게는 청 말, 민국 시기를 시대적 배경으로 삼는다. 그런데 사실 너무 현대나 근대로 넘어오면, 즉 영화에 총이 등장하면 일단 무협 영화로 보기에 좀 애매해진다. 무협 영화라 함은 역시 칼이나 화살, 그리고 맨몸이 주가 되는 액션이라야 제격인 것이다. 무협 영화는 역사적 실존 인물들의 이야기를 옮기기도 하고 또는 다양한 문학 작품, 즉 허구를 원작으로 삼는 경우가 많다. 또한 차차 다루겠지만 고대보다는 현대의 무협 소설들을 원작으로 만들어진 무협 영화들이 훨씬 많다.

주지하듯, 영화의 출발은 프랑스다. 프랑스에서 처음 시작된 영화, 그것은 빠르게 전세계로 퍼진다. 중국에서 만들어진 최초의 영화는 1908년에 만들어진 <정군산(定軍山)>이라는 작품이다. 이 작품은 간단히 말하자면, 민간에서 사랑받던 극예술인 경극을 필름에 담은 영화인데, 어떤 내용이냐? 그 유명한 삼국지의 한 대목을 담고 있다. 구체적으로 촉의 명장 황충이 노익장을 과시하며 위의 맹장 하후연을 격파하는 이야기를 그리고 있는 영화다. 앞서 살펴본 대로 삼국지 역시 협의 역사에서 빠뜨릴 수 없는 중요한 작품인 바, 그렇게 보면 최초의 중국 영화에 이미 무협의 요소가 있던 셈이다. 영화가 만들어진 과정은 이러하다. 이 영화를 만든 이는 임경태라는 사람인데, 사대부 가문에서 태어나 일본에서 사진을 공부한 뒤 귀국하여 1892년 베이징에서 사진관을 운영하던 이였다. 젊은 시절 유학을 한 만큼 신문물에 익숙하고 관심이 많던 임경태는 서양에서 들어온 영화에도 관심을 가졌고, 1905년 베이징 외곽에 대관루라는 영화사를 차렸다. 그리고 그의 제자이자 촬영기사였던 류중륜과 함께 당시 인기를 끌던 경극을 3일간 촬영한 것이 이 <정군산>이었다. 임경태는 그가 촬영한 인기 경극배우 담흠배의 경극을 30분짜리 작품으로 만들어 같은 해 12월에 공개했다. 이렇게 탄생한 <정군산>은 중국 최초의 영화로 인정받게 되었고, 이후 임경태는 중국 영화의 아버지, 담흠배는 중국 최초의 영화배우가 되었다.

자, 이어서 본격적인 무협 영화의 출발은 1927년에 만들어져 공전의 히트를 기록, 이후 무려 18편까지 시리즈화 되었던 <화소홍련사>라는 작품이다. 다시 말해 본격적인 무협 영화의 출발이 이 <화소홍련사>란 말이다. 이는 현대의 무협 소설 『강호기협전』을 원작으로 한 영화이기도 하다. 작가인 평강불초생은 20세기 전반기에 무협 소설의 인기를 견인했던 중요 작가 중 한 명이다. 『강호기협전』은 중국 무술의 큰 산맥인 곤륜파와 공동파의 대결을 근간으로 삼고, 주인공이 무술을 익혀 악의 소굴인 홍련사에 들어가 정부의 관리들을 구출해내 온다는 이야기다. '화소홍련사'라는 제목은 뜻을 옮기면 '불타는 홍련사'쯤 되겠다. 아무튼 평강불초생의 소설을 옮긴 영화인 <화소홍련사>는 크게 흥행했고, 이 영화는 이후 중국 무협 영화의 본격적인 제작에도 많은 영향을 주었다. 영화사적으로도 최초의 무협 영화로 자리매김한 영화이고, 초창기 중국 영화에서 크게 시리즈화되었던 대박 작품이라 존재감이 크다. 이처럼 상징성이 강한 작품이라 후에도 종종 같은 이름으로 영화화되었는데, 우리가 쉽게 접할 수 있는 케이스로는 <용호풍운> 등 풍운 시리즈로 유명한 홍콩 임영동 감독이 연출한 1994년판 <화소홍련사>가 있다.

1929년작 <홍협(紅俠)> 역시 초기 무협 영화를 대표하는 영화다. <홍협>은 연약한 여성이 무술을 수련하여 여협객이 되어 원수를 갚고 약자를 돕는 이야기다. 당시로서는 최첨단이라 할 와이어 액션이 사용되었고, 무엇보다 여성을 주인공으로 내세웠다는 점이 화제가 되었다. 이후 영화에 등장하는 여성 협객의 한 모델이 된 작품이라는 면에서 큰 의의가 있다고 하겠다. 예컨대 60년대 신드롬급 인기를 끈 <협녀> 등도 이 영화의 자장 안에 있다고 할 수 있는 것이다.

자, 다시 20, 30년대 중국 영화계의 현실로 돌아가보자. 당시 상하이를 중심으로 영화 산업이 부흥해 그때를 중국 영화의 첫 번째 황금기라고 부르는데, 당대 복잡하게 돌아가던 사회적 상황은 영화 산업에 있어서도 이전과는 다른 풍경을 만들었다. 인기를 거듭하던 무협 영화 역시도 일대 전환을 맞이한다. 자, 항일 시기와 국공내전을 거친 뒤 신중국이 성립된 후, 대륙에서는 무협 영화가 금지되었다. 무협 영화뿐 아니라 여러 상업 영화들이 다 철퇴를 맞는다. 한마디로 예술은 정치 아래에 복속되었다. 그렇다면 무협 영화는 사라졌을까? 그럴 리가 있을까. 이후 무협 영화의 맥은 본토가 아닌 홍콩에서 이어지게 된다. 그리고 이때 또 한편의 상징적 무협 영화가 나타나게 되니 바로 그 유명한 무술가 황비홍의 이야기를 담은 <황비홍(1949)>이다. 지금까지 무려 100편이 넘는 황비홍 영화가 만들어졌고, 이는 기네스북에까지 올랐다. 자, 그렇다면 황비홍이 과연 누구인가에 대한 논의가 조금 있어야 할 것 같다. 알려진 대로 그는 실존했던 인물이다. 청 말과 민국 초 광동성에 살았던 의사이자 무술가였다. 많은 영화들 속에서, 황비홍은 외세에 의해 무력하게 무너져가던 중국의 자존심을 상징하는, 구국의 액션 영웅으로 그려져 있다. 이는 다분히 각색된 모습이다. 실제 황비홍은 당연히 영화 속 인물처럼 일반을 초월하는 초인적 무술가나 대단한 협객은 아니었을 것이다. 황비홍이 명성을 얻게 된 것에는 그 제자들의 역할이 컸다. 아무튼 팩트와 영화는 많이 다르다. 황비홍은 광동의 유지 가문에서 태어나 의학을 공부하여 의관을 열어 사람들을 치료해주는 한편 어렸을 때부터 무술을 익혀 제자를 키웠다. 가난한 병자들을 무료로, 혹은 저렴하게 치료해주었다는 점으로 인해 어느 정도 명성이 있었다. 그리고 그가 자신이 어렸을 때부터 배우고 추구했던 홍가권의 단점을 보완하기 위해 다른 유파의 무술을 배워 홍가권의 완성도를 높였다는 점 등이 사람들에게 큰 인상을 준 것 같다. 그의 제자 임세영이 홍가원을 전수받아 홍콩에 본격적으로 전파했는데, 그때 그에 의해 황비홍의 존재와 활동이 더욱 넓게 전해진 것으로 보인다. 물론 그 내용은 과장되고 부풀려진 점이 많았을 테지만, 어쨌든 이러한 과정을 거치면서 황비홍의 이름은 널리 알려지게 되었고, 수많은 이야기들이 더해졌으며, 나아가 영화화되어 공전의 히트를 치게 되었다. 우리에게는 역시 1990년 이연걸을 주인공으로 내세운 서극 감독의 <황비홍>이 가장 유명하다. 화려하고 역동적인 액션이 너무 좋았고, 서구 열강에 의해 무너지던 청나라의 자존심을 지키는 구국의 액션 영웅을 멋지게 형상화한 명작 무협 영화라고 할 수 있다.

여기까지가 1960년대 본격적인 무협 영화의 붐이 일기 전, 크게 인기를 끌며 초기 중국 무협 영화의 대명사 격이 된 영화에 대한 이야기다. 이제 뒤를 이어 60년대 이후 엄청난 인기를 구가한 무협 영화 전성시대 이야기를 할 차례다.

영화 <황비홍2-남아당자강> 포스터

Chapter 3.
쇼 브라더스, 장철, 호금전

Chapter 3.
쇼 브라더스, 장철, 호금전

필자는 상하이 푸단대학(復旦大學)에서 박사를 했다. 푸단대 안에는 일부루(逸夫樓)라는 이름의 건물이 있다. 다른 멋진 이름을 가진 건물들과 달라서 좀 의아했는데, 한참 나중에서야 그 건물이 홍콩의 유명 영화 제작자 소일부(紹逸夫)의 이름을 딴 것이란걸 알았다. 소일부, 우리에겐 런런쇼라는 이름으로 더 잘 알려진 그는 바로 아시아 최대 영화사 쇼 브라더스와 홍콩 TVB의 사장이었다. 당대 아시아 최대 영화사인 쇼 브라더스, 그리고 중화권 최고의 민영방송 TVB의 수장이었던 그는 명실상부 홍콩 미디어계의 제왕이었다. 무려 107세까지 장수하며 많은 이들의 존경과 사랑을 받았다. 그는 영화 사업 외에도 생전 중국 전역의 대학에 자신의 이름을 딴 건물을 지어 기증하는 등 장학 사업에도 열심이었다. 그 점이 참으로 인상적이었다. 미래 세대에게 적극적으로 투자한다는 자신의 철학이었을 것이다. 단순히 비즈니스맨으로 끝난 게 아니라 미래 세대를 키운다는 것, 참으로 멋지지 않은가.

자, 그럼 먼저 쇼 브라더스는 어떤 회사이고 중국 영화계에서 어떤 역할을 했는지 구체적으로 좀 알아봐야겠다. 간단히 요약하면 쇼 브라더스는 싱가폴에서 극장 사업을 펼치던 소씨 형제가 1958년 홍콩에 와서 세운 영화사다. 이후 거대 스튜디오를 갖추면서 수많은 영화를 제작하며 60, 70년대 홍콩의 영화 산업을 주도했다. 제작을 중단한 1980년대 중반까지 무려 1,000여 편에 가까운 영화를 만들었고, 호금전, 장철, 왕우, 적룡, 강대위 등등 수많은 스타 감독과 기라성 같은 배우들을 배출했다. 쇼 브라더스의 전성기인 60, 70년대 무협 영화 속 스타들은 물론, 주윤발, 양조위, 유덕화, 주성치 등 홍콩 최고의 스타들도 TVB 공채 배우로 연예계에 입문했다.

이러니저러니 해도 쇼 브라더스의 전성기는 무협 영화를 대량으로 만들던 60, 70년대다. 특히 <대취협>, <의리

쇼 브라더스 로고

의 사나이 외팔이>, <협녀>, <금연자>, <용문객잔> 등등 60, 70년대 전 아시아를 휩쓸던 수많은 무협 영화들을 기획하고 제작하면서 엄청난 성공을 거두었다. 요컨대 쇼 브라더스는 홍콩을 아시아 영화의 중심지로 만드는 데 커다란 공을 세웠다고 할 수 있다. 또한 거대한 스튜디오 시스템을 구축하여 빠르고 효율적으로 영화를 만들어냈다는 점도 거론해둘 만하다. 소속 배우들에게 월급을 지급하면서 경제적으로 안정적인 지원을 했다는 점도 당시로서는 쉽지 않은 일이었을 것이다. 비록 로고와 이름은 할리우드 워너 브라더스를 모방했지만, 쇼 브라더스는 결코 워너 브라더스에 뒤지지 않는 영향력을 떨쳤고 아시아는 물론 세계 영화계에 뚜렷한 족적을 남겼다.

1. 고독한 상남자들의 아버지, 장철

자, 이제 쇼 브라더스가 낳고, 홍콩 무협 영화를 세계에 널리 알린 두 명의 거장 감독 장철과 호금전에 대해 이야기해보도록 하겠다. 중국 무협 영화를 논하면서 빠뜨릴 수 없는, 아니 반드시 비중 있게 다뤄야 할 감독이 바로 장철이다. 장철은 쇼 브라더스의 간판 감독으로 홍콩 무협의 한 상징이기도 하다. 특히 일도양단의 시원시원함, 팔다리가 잘려나가는 극한의 폭력, 마초, 상남자를 내세운 통쾌함으로 무장하여 큰 인기를 끌었다. 장철을 이야기할 때 첫 손가락에 꼽을 영화는 역시 <독비도(1967)>다. 이 영화로 홍콩 영화 최초 100만 홍콩달러의 흥행 기록을 돌파하며 붐을 일으켰다. 바로 이어서 다루겠지만 사실 쇼 브라더스에서 무협을 가지고 첫 대박을 낸 이는 장철이 아니라 호금전이다. 그의 <대취협>이 먼저 대박을 냈지만, 쇼 브라더스의 제작 시스템에 불만을 가진 호금전이 떠난 뒤, 쇼 브라더스가 간판으로 키운 이가 바로 장철이고 그가 제대로 첫 대박을 낸 게 바로 이 <독비도>인 것이다.

<독비도>는 현대 무협 영화의 한 성공 사례가 되었을 뿐만 아니라 액션과 서사에 있어서도 기존의 패러다임을 바

영화 <독비도> 포스터

꾼 혁신적인 작품이었다. 외팔이라는 독특한 캐릭터, 그가 핸디캡을 극복하고 극강의 고수들에게 복수를 해가는 과정은 강렬한 카타르시스를 선사했고, 치밀하게 계산된 액션, 빠르고 강한 공격으로 복수를 완성하는 과정 등은 후대의 무협 영화에 엄청난 영향을 주었던 것이다. 당시의 기술력과 시각 효과로는 상당히 획기적인 작품이기도 했다. 이로써 감독 장철과 주연 왕우는 홍콩을 넘어 아시아를 호령하는 범아시아권 스타가 되었다.

뭐, 워낙 유명한 영화니 줄거리를 구체적으로 옮기는 건 무의미하다. 주인공은 검객으로서 가장 중요한 팔이 절단된 채 좌절한다. 그런 절망의 위기에 처한 그를 구해준 여인이 나타나고, 각고의 노력으로 무예를 연마해 다시 컴백하여 스승의 원수를 갚는다. 그리고 표표히 다시 길을 떠난다. 이 단순 명쾌한 스토리가 1967년, 전 아시아인들의 가슴을 마구마구 두드렸던 것이다.

장철의 수많은 무협 영화 중 두 번째로 말하고 싶은 영화는 1970년작 <복수>다. 장철 최고의 작품으로 종종 꼽히는 이 영화는 특히나 적룡, 강대위의 브로맨스가 돋보이는 작품으로, 이것은 이후 많은 홍콩 영화에 큰 영향을 끼쳤다. 예컨대 이수현, 주윤발의 브로맨스가 빛나는 느와르 <

용호풍운>, <첩혈쌍웅>만 봐도 그렇다. 아무튼 <복수> 역시 <독비도>에 뒤지지 않는 장철의 대히트작이고 장철 영화의 폭력 미학, 비장미, 남성성, 의리가 말 그대로 쏟아지는 영화다. <복수>의 스토리는 <금병매> 속 무송과 그의 형, 반금련의 이야기에서 모티브를 가져와 만들었다. 형 적룡의 복수를 완성하는 동생 강대위의 고군분투 피칠갑 복수 스토리다. 지나친 폭력과 잔인한 장면으로 호불호는 물론 있을 수 있지만, 장철을 논한다면 절대 놓칠 수 없는 영화다. 액션의 특징도 이전과는 다른 양상으로 흘러가는데, 칼이나 창 대신 단검과 도끼를 사용하여 인물 간의 거리를 더욱 좁히고 사실감을 더욱 극대화시켰다. 장철은 <독비도>의 왕우가 떠나간 자리를 적룡과 강대위라는 콤비를 활용하여 훌륭하게 메꾸었다.

마지막으로 한 작품만 더 말해보겠다. <독비도>의 왕우와 독보적 여성 협객 정패패를 내세워 엄청난 흥행을 일군 1968년작 <금연자>다. 한국에서도 <심야의 결투>라는 제목으로 무지막지한 흥행을 한 작품이다. 사실 <금연자>는 앞서 호금전이 연출해 대성공을 한 <대취협>과 이어지는 일종의 연작이다. 호금전이 쇼 브라더스와 불화를 겪고 떠난 뒤 그 임무가 장철에게 맡겨졌고, 장철은 다시 자기식으

영화 <금연자> 포스터

로 영화를 각색하여 이 영화를 완성하였다. 왕우의 인기가 워낙 높아서인지 영화는 금연자 정패패보다 왕우를 중심으로 각색이 많이 된 감이 있다. 그래서 촬영장에서 두 배우의 사이가 안 좋았다는 뒷이야기가 있기도 하다. 어쨌든 이 <금연자>의 특징은 또 무엇이냐. 감독 장철은 영화의 스케일을 더욱 키워 일본 로케이션을 감행했다. 쇼 브라더스 영화가 거의 스튜디오 안에서 모든 걸 해결하는 시스템이었던 것을 생각해보면 꽤나 획기적인 시도이기도 하다. 그런 덕분인지 영화는 색다른 풍경을 담아내는 데 성공했다. 호금전이 <대취협>으로 중국 무협 영화에 커다란 이정표를 세운 것처럼 장철은 이 영화 <금연자>로 또 다른 지점에서 현대 무협 영화의 한 모델을 제시했다고 평가된다. 그래서 많은 평론가들이 이 영화를 장철 영화의 정점으로 보기도 한다. 가장 인상적인 장면은 역시 왕우가 수많은 적들과 대결을 벌인 뒤 비장하게 죽는 장면일 텐데, 흰옷에 피가 번지는 장면은 워낙 강렬해 이후 장철 영화의 한 트레이드 마크로 기억될 정도다. 엄청난 폭력성, 비장미, 장철표 무협 영화에 쐐기를 박은 작품이다. 장철은 엄청난 다작으로도 유명하다. 무려 100편에 육박하는 영화를 만들었으니 그의 영화를 따라가는 것조차 벅차다. 그래서 그의 영화를 좀 깊이 들여다보려면 시기별로 나눠서 보는 것이 좋을 것이다.

2. 호금전, 고전미와 예술성을 새겨넣다

자, 다음으로 중국 무협 영화의 또 다른 전설 호금전에 대한 이야기를 해야겠다. 사실 히트작을 낸 순서로 보면 호금전이 장철보다 한발 먼저다. 1966년 작 <대취협>은 여러 면에서 중국 무협 영화의 판도를 바꾼 작품으로 기억된다. 왜 그러냐. 일단 남성 중심의 서사를 깨고 여성 협객을 전면으로 내세웠다는 점에서 그러하다. 원래 무협 소설이나 영화에서는 일반적으로 남성이 주인공이고 여성은 그냥 보조적이거나 부속적인 존재인 경우가 대다수인데, 호금전은 과감하게 여성 협객을 주인공으로 내세웠고 이건 그의 무협 영화에서 일관되게 유지된다. 정패패를 여성 최고의 무협 스타로 만든 영화가 이 <대취협>이다. 또한 호금전은 남성성, 폭력성, 거칠고 화려한 액션이 강조되기 쉬운 무협 영화에서 중국 전통의 운미가 가득하고 고전적인 여백이 있는, 색다른 느낌을 만들었다는 점에서도 이전 감독들과 명백히 차별된다. 호금전은 중국의 전통 문화, 예컨대 경극, 미술, 음악 등을 적절히 사용하여 문학성과 예술성이 짙게 풍기는 영화들을 만들어내는 데 성공했다. 그리하여 중국 무협 영화를 마치 한편의 문학작품처럼, 즉 한 편의 시나 산문처럼 격을 올렸다는 평을 받는 동시에, 영화 안에 중국

영화 <대취협> 포스터

적 운미가 가득하다는 느낌을 받는다. 많은 후배 감독들이 호금전의 영화를 레퍼런스 삼아 참고한 이유가 다 있다는 말이다.

호금전 영화 중에서도 3편만 뽑아 이야기해보겠다. 먼저 역시 가장 먼저 거론할 영화는 앞서 말한 <대취협>이다. 한국에서는 <방랑의 결투>라는 제목으로 개봉되었는데, 당시에 유행하던 서부영화의 제목 같기도 하지만 나름 영화의 내용과도 어울리고 그럴싸하다. 아무튼 그래서 우리 한국에서는 <방랑의 결투>라는 제목이 훨씬 더 익숙하다. 스토리는 단순 명쾌하다. 관가에 잡힌 우두머리를 구하려 도적 떼들이 한 관리를 납치해 인질로 잡자 강호에서 이름 난 협객인 남자의 여동생이 오빠를 구출하러 나온다. 아무리 뛰어난 협객이래도 쉽지 않은 일대다의 싸움, 그런데 주정뱅이 걸인인 줄 알았던 남자가 사실은 강호의 고수였고, 그가 여자를 도와 마침내 악당들을 일망타진한다는 내용이다. 여주인공 정패패는 발레를 전공한 전적을 살려 우아하면서도 힘 있는 액션을 잘 소화했고, 각자 개성 있는 캐릭터를 선보인 주요 인물들의 연기 앙상블도 좋았다. 개인적으로는 정패패가 객잔에서 악당들에게 자신의 실력을 보여주는 장면이 가장 인상적이었다. 엽전을 칼로 꿰어버리는 실력은 단숨에 그가 극강의 고수임을 보여준다. 어찌 보면 이 영화를 시작으로 중국 영화에서 처음 무술 감독이라는 역할이 독립적으로 생겼다고 할 만큼 <대취협>의 액션은 이전의 영화들과 달리 꽤 공을 들였다. 지금의 기준으로 보면 느리고 어설플지 몰라도 당시로서는 획기적인 액션이었을 것이다. 성룡이 꼬마 역으로 출연한 점도 인상적이다. 그에 답하여 <대취협>은 말 그대로 엄청난 성공을 거두며 쇼 브라더스의 빅 히트작이 되었다.

다음으로 다룰 영화는 그 유명한 1967년 작 <용문객잔>이다. 필자는 호금전 영화를 동시대에 본 세대가 아니라 한참 뒤에야 DVD를 통해 보았다. 워낙 유명한 영화다 보니 이런저런 영화제에서 다시 특별전 형식으로 호금전 영화를 다룬 적이 많다. 몇 년 전 부천영화제의 호금전 특별전에서 다시 한번 제대로 이 <용문객잔>을 본 기억이 난다. 사실 우리 세대는 서극이 주도한 1992년작 <신新용문객잔>이 훨씬 익숙하다. 이 영화도 손꼽히는 수작이라 오히려 호금전의 원작보다 이 작품이 더 먼저 떠오르기도 한다. 영화사적으로 <용문객잔>은 <대취협>과 더불어 중국 무협 영화의 수준을 한 단계 업그레이드시키면서 하나의 전범이 된, 전설적인 작품이다.

지금의 기준으로 보면 액션이며 연기톤이 구닥다리로 보일지 모르겠다. 화끈한 액션이 없다는 게 영 어색하기도 하다. 하지만 정중동이랄까, 객잔 안의 공기는 긴장으로 가득하고 일촉즉발의 상황은 상상력을 자극한다. 거기에 중국 전통음악이 흐르며 분위기를 돋구니, 뭔가 한판 크게 벌어질 것 같다. 관객들로 하여금 침을 꿀꺽 삼키며 상황에 집중하게 만든다. 이 <용문객잔> 이후 무협 영화에서 객잔이 대결의 주요 장소로 확실히 자리매김한 것 같다. 강호에서 각기 다른 사연을 가진 무협들이 객잔에 모여드니, 객잔에는 긴장이 흐르고 일생일대의 대결이 펼쳐지는 것이다.

명나라 말, 환관이 득세하여 판을 치고 충신들의 가족들을 죽이고, 후환까지 없애고자 귀양 보낸 그 자손들까지 죽이려 자객을 보내고, 충신을 따르던 검객들은 그를 지키기 위해 객잔에 모여든다는 스토리도 흥미진진하다. 충과 의, 복수와 같은 무협의 핵심을 시각적으로 전개시키기에 아주 안성맞춤인 스토리인 것이다.

마지막으로 <협녀>다. 1975년 칸 영화제에서 기술상을 받은 영화다. <협녀>는 사실 1969년 작인데, 영화가 발표되고도 한참이나 시간이 흐른 뒤에 이 영화에 상을 수여했다는 것도 흥미롭다. 그만큼 이 영화의 성과를 인정한다는

영화 <협녀> 포스터

얘기일 것이다. 어쨌든 이 <협녀> 역시 중국 무협 영화사에서 빼놓지 않는 걸작이라는 데에 별 이견이 없다. 자, 이 영화는 그럼 어떤 이야기인가. 청 말의 선비 포송령의 『요재지이』의 '협녀' 편을 원작으로 한 영화다. 대충 이런 이야기다. 한 시골에 선비가 있는데 과거에는 뜻이 없이 다른 이들에게 초상화를 그려주며 산다. 그 시골 마을에 한 여자가 숨어들어 사는데, 충신인 아버지가 역적의 손에 죽고 자신마저 죽이려는 것을 피해 이 마을에 들어온 것이었다. 서생은 여자에게 반하고, 여자의 사연을 알게 되자 그녀를 돕는다. 이후 그녀를 죽이려는 악당들이 마을에 들이닥치고 여인과 서생은 그들에게 맞서 싸운다. 뭐 스토리는 대강 <용문객잔>과도 대동소이하다. 여협객을 죽이려는 악당들과 그들에게 맞서는 고수의 여협객. <협녀>에서 가장 인상적인 대목은 후에 많은 영화에서도 클리셰처럼 반복되는 대나무 숲에서의 대결이다. 정중동의 미학, 수직과 수평의 조화, 인간과 자연, 선과 악의 대결, <협녀> 속 대나무 결투 장면은 두고두고 회자되는 명장면이다. 가령 리안의 <와호장룡>에서도 멋진 대나무 대결이 나오고, 장예모의 <연인>에서도 대나무숲 대결은 무척 인상적이다. 자, 살펴보았듯 호금전의 무협은 다르다. 전통의 멋과 맛을 잘 살리면서 문학적 운미가 풍부하다. 쌍두마차 장철과는 달라도 너무 다르다. 장철은 장철대로, 호금전은 호금전대로 중국식 표현으로 이정표가 되는 나무를 심은 셈이다. 호금전은 그의 명성에 비해 남긴 작품이 많지 않다. 15편에 불과하다. 그의 완벽주의적인 성향이 한 원인이었을 것이다. 그럼에도 그가 'King Hu'로 불리는 것에는 다 그만한 이유가 있는 것이다.

Chapter 4.
왕우와 이소룡

Chapter 4.
왕우와 이소룡

1. 범아시아권 슈퍼스타, 왕우

지난 2022년 4월, 홍콩 무협 영화의 전설 왕우(王羽)가 향년 80세로 별세했다. 많은 이들이 그의 별세를 아쉬워하며 추모했다. 왕우는 중화권은 물론 국내에도 많은 팬을 가진 범아시아권 스타였다. 적룡, 나열, 강대위 등과 함께 60, 70년대 홍콩 무협 영화의 전성기를 만들어간 톱스타였고 이소룡과 동시대를 살았던 인물이었으며 배우를 넘어 감독, 제작까지 영역을 넓혔던 홍콩 영화계의 파워맨이기도 했다.

왕우하면 역시 가장 먼저 떠오르는 영화가 있으니 바로 아시아 전역에서 선풍적인 인기를 끌었던 <독비도(獨臂刀·외팔이)> 시리즈다. 1967년 작 <독비도(의리의 사나이 외팔이)>는 그를 아시아 톱스타 반열에 올리며 엄청난 인기를 끌었고, 이 작품은 아시아를 넘어 유럽에서도 큰 흥행을 기록했다. <독비도>는 홍콩 무협의 거장 장철의 본격적인 등장을 알린 영화이기도 한데, 한쪽 팔이 잘린 채로 벼랑 끝에 몰린 주인공이 각고의 수련을 거쳐 복수를 완성시키는 이야기로 강렬한 카타르시스와 함께 고독함과 비장미가 잘 살아 있다. 기존의 무협 영화들과는 결이 완전히 다른, 남성성과 폭력성이 극대화된 새로운 스타일의 무협 영화였다. <독비도>의 대히트로 수많은 아류작들이 범람했고 왕우는 쇼 브라더스 최고의 슈퍼스타로 우뚝 선다.

2년 뒤 선보인 속편인 <돌아온 외팔이(獨臂刀王)> 또한 많은 화제를 낳으며 흥행을 이어갔다. 장철과 왕우의 협력은 이번에도 성공적이었다. <독비도>가 수많은 역경을 이겨내고 복수를 완성하는 어두운 비장미를 보여준 것에 반해 <독비도왕>은 훨씬 밝은 분위기로 극을 이끌어간다. 요컨대 절대 무공의 주인공이 악당들을 차례로 처단해나가는 통쾌함을 보여주는 데 주력한다. 참고로 또 다시 이어진 <독비도> 시리즈인 <신新외팔이 1971(新獨臂刀)>는 속편을

우리는 누구나 무협을 꿈꾼다

표방했지만 스토리가 이어지는 작품은 아니었고, 주인공도 왕우가 아닌 강대위가 맡았다.

　　<독비도>와 함께 왕우의 또 다른 대표작을 꼽는다면 <금연자(金燕子)>와 <대자객(大刺客)>을 들 수 있을 것 같다. 이 영화들 역시 장철이 감독을 맡았다. <금연자>는 국내에서 <심야의 결투>라는 제목으로 개봉되었고 극중 왕우는 정패패, 나열 등과 함께 유혈이 낭자하고 비장미 가득한 모습을 유감없이 보여준다. <대자객>은 국내에서 <대협객>이란 이름으로 소개되었고, 전작들과는 좀 다르게 춘추전국을 배경으로 삼아 다소 복잡한 이야기 구조를 지닌 사극 영화의 느낌을 주는 영화다.

　　쇼 브라더스의 간판스타로 시대를 풍미하던 왕우는 엄격한 스튜디오 시스템하에서 영화를 찍는 것에 불만을 품어 쇼 브라더스와 갈등을 빚었고, 급기야 회사를 떠나 자신이 직접 영화를 연출하기에 이른다. 그는 1970년 <용호의 결투(龍虎鬪)>라는 영화를 연출하여 흥행에 성공했다. 이후에도 <흑백도>를 비롯 여러 편의 영화를 감독하고 주연을 맡았다. 이후 쇼 브라더스와 법적인 문제에 휘말리자 대만으로 건너가 영화 활동을 지속했고 대만에서도 큰 인기를 끌었다.

영화 <용호투> 포스터

왕우의 영화들을 극장에서 본 세대가 아닌 필자는 한참 나중에서야 공부 삼아 왕우를 비롯해 적룡, 강대위 등의 당대 톱 배우들과 거장 감독 장철, 호금전의 영화들을 찾아보았는데, 그를 통해 60, 70년대 대단했던 홍콩 무협 영화의 분위기를 어렴풋하게나마 감지할 수 있었다. 또한 천왕거성이라 불리며 한 시대를 풍미했던 왕우가 세계적 인기를 구가했던 또 한 명의 슈퍼스타 이소룡과 동시대를 살았다는 사실도 대단히 흥미롭게 느껴졌다.

이 전설적 배우의 존재감을 동시대적으로 확인할 수 있었던 영화가 2011년 진가신 감독이 만든 <무협>이다. 극 중 왕우는 신분을 숨긴 채 살아가는 고수 견자단을 쫓는 조직의 두목 역으로 나오는데, 등장만으로도 강렬한 아우라를 풍기며 미친 존재감을 보여준다. 현존 최고의 액션 스타 견자

영화 <무협> 포스터

단과 전설 왕우의 만남은 그 자체만으로도 큰 화제를 낳았다. 왕우는 한국에도 여러 번 온 적이 있는데, 2006년 부천영화제, 2013년 부산영화제에 초청되어 특별전을 개최하기

도 했고 상을 수상하기도 했다. 왕우의 별세로 또 한 시대가 저물었다. 그의 명복을 빈다.

2. 슈퍼스타, 무도인, 이소룡

이소룡, 부르스 리, 홍콩 출신의 세계적 영화배우, 불세출의 액션 스타, 절권도를 창안한 무도인 등등 이처럼 이소룡에 대해서는 많은 수식어가 붙는다. 자, 중국 배우를 논하면서, 또 중국 무협 영화를 논하면서 이소룡을 빼놓을 수 없다.

할리우드로 영역을 넓힌 아시아 배우들이 좀 있다. 하지만 그중에서 확고한 자신만의 인장을 제대로 새겨넣은 배우는 사실 없다시피 하다. 언제든 대체 가능한 아시아 배우, 정도가 아닐까. 지금도 그러할진대 이소룡이 활동한 1970년대는 오죽했을까. 하지만 이소룡은 달랐다. 그는 자신만의 독특하고 개성 있는 캐릭터로 그만의 아우라를 성공적으로 구축했다. 만약 이소룡이 살아서 계속 활동했다면, 아마 아시아 배우의 위상이 많이 달라졌을 것이라고 생각한다. 너무나 젊은 나이에 일찍 세상을 떴지만 이소룡의 신화는 현재진행형이다. 그가 세상을 뜬 지 수십 년이 지났지만 그의 인기는 꺼지지 않았고, 오히려 여러 가지 요소가 더해지며 그를 명실상부 '레전드'의 반열에 올려놓았다. '노란 체육복'과 '쌍절곤'으로 대표되는 그의 캐릭터는 현재까지 차용되고 있고 심지어 여러 광고와 코미디에도 끊임없이 패러디되고 있을 정도다. 이소룡을 다룬 영화나 드라마 또한 수두룩하다. 그중 진짜 '이거다!' 싶은 영화는 하나도 없었지만, 이번에 개인적으로 기대하는 프로젝트가 있다. 바로 세계적 감독 리안이 준비 중이라는 이소룡에 대한 영화다.

　이소룡. 그는 단 다섯 편의 영화만으로 범세계적인 사랑을 받았고, 전성기 때 바람처럼 사라져 하나의 전설이 된 슈퍼스타다. 또 다른 각도에서 보면, 이소룡은 뛰어난 무도인이다. 그는 절권도를 창안했고 그 안에 자신의 철학을 녹여냈다. 최근 들어 그의 스승으로 알려진 엽문이 새롭게 조명되고 영화화되었는데 이 또한 흥미롭다. 이소룡의 절권도는 그 근간이 엽문에게서 배운 영춘권이며, 여기에 다른 여러 무술을 더해 실전 무술인 절권도를 만들었다고 알려져 있다.

　그런데 이소룡의 영화를 무협 영화로 부르기엔 좀 애매한 구석이 있다. 앞서도 조금 언급했지만 몇 가지 이유에서 그러하다. 일단 정통적인 무협 영화는 시대가 고대여야 제격이다. 그리고 무기로는 역시 칼이나 활, 창이나 도끼 등이 주로 사용되는 법인데, 이소룡은 맨몸 액션이다. 그래서 권격 영화나 무술 영화 같은 용어로 따로 부르기도 한다. 게다가 이미 총이 등장하는 현대를 배경으로 하니 사실 정통 무협 영화로 보기엔 다소 무리가 있다. 하지만 외향이나 형식보다 중요한 건 정신, 무협의 본질이다. 악의 무리에 맞서 약자의 편에 서서 참지 않고 나서는 것, 이소룡의 캐릭터는 무협의 본질과 정확히 맥을 같이 한다.

이소룡의 신화는 1971년 <당산대형>부터다. 신생 영화사인 골든 하베스트와 손을 잡고 만든 이 영화는 대성공을 거두었고, 이소룡과 골든 하베스트는 각각 업계의 톱으로 급부상한다. 사실, 별로 특별할 것도 없는 스토리 라인으로 진행되는 이 영화가 대박을 친 것은 당연히 이소룡의 매력 덕분이라고 할 수 있다. 이소룡은 독특하고 개성 있는 캐릭터, 빠르고 강한 발차기를 기반으로 한 사실적 액션, 그리고 불의를 참지 않고 터뜨리는 카타르시스를 잘 표현하고 있다. 두 번째 영화부터는 이소룡 본인의 지분이 훨씬 커져서 직접 액션 설계는 물론 감독의 역할까지도 소화했다. <정무문>은 스승의 원수를 갚는다는 무협 영화의 틀을 잘

따르면서 일본 제국주의에 맞
선다는 시대적 배경까지 더해
져 더욱 통쾌한 영화였던 것 같
다. 이 영화 역시 흥행 기록을
갱신하며 빅 히트를 쳤고, 이소
룡은 더욱 승승장구한다. 특히
총을 겨눈 적들을 향해 날아오
르며 끝나는 엔딩 장면이 무척
인상적이었다. <정무문>의 액

영화 <정무문> 포스터

션 역시 무척 사실적인데, 특히
이 영화에서는 이소룡의 트레이드 마크이기도 한 쌍절곤을
사용한 액션이 다수 등장한다는 것이 흥미롭다. 괴성을 지
르며 독특한 제스처를 취하는 등 이소룡 하면 떠오르는 이
미지들이 이미 이 영화에서 완성된 것 같다.

　<맹룡과강>은 이소룡의 세 번째 주연작으로, 직접 각본
과 감독을 맡아 화제가 되었고 할리우드 액션 스타 척 노
리스의 영화 데뷔작이기도 했다. 다른 작품들에 비해 상대
적으로 좀 밝고 덜 비장하다고 생각되는데, 액션은 굉장히
다양하게 배치되어 있어서 더욱 액티브하다. 그래서 혹자
는 이 영화를 이소룡 최고의 영화로 꼽기도 한다. 아예 설

정 자체가 다양한 무술인들과 대결을 하는 것이라 일본의 가라데 무술인과도 싸우고 서양인인 척 노리스와도 대결을 펼쳐보인다. 물론 이소룡의 액션은 더욱 빠르고 파워풀하게 그려지고 있다.

이어지는 <용쟁호투>는 주지하듯 홍콩의 골든 하베스트와 할리우드 워너 브라더스가 함께 손을 잡은 작품이었고, <사망유희>는 이소룡의 유작이다. 각각의 영화에서도 이소룡 특유의 액션과 캐릭터를 빛을 발하면서 큰 화제를 뿌렸다.

이 다섯 편의 영화에서 이소룡은 자신만의 독보적인 아우라를 만드는 데 성공했고, 실제 격투를 방불케 할 빠르고 힘 있는 액션으로 관중들을 열광시켰다. 또한 일본, 서양의 악당들을 물리친다는 설정으로 그 안에 중국의 민족적 자부심을 투영시켜 중국인들의 열광적 지지를 얻었다. 물론 이소룡에 대한 열광은 중국에만 국한된 것이 아니었다. 아시아의 젊은이들, 나아가 액션을 사랑하는 전 세계인들의 가슴에 깊은 인장을 남겼다.

영화 <용쟁호투> 포스터

Chapter 5.
정창화

Chapter 5.
정창화

　지리적으로 인접한 한국과 중국은 오래전부터 긴밀한 교류를 해왔고 좋으나 싫으나 서로 돕고 같이 가야 할 상대다. 최근의 한중 관계가 좀 안 좋다 보니 여러 분야에서 이런저런 문제가 발생한다. 양국 간의 영화 교류 역시 생각보다 꽤 오래되었다. 일제 강점기였던 1930년대 한국의 여러 영화인들은 중국 상하이로 건너가 활동을 이어갔다. 그중 한국인으로 중국 최고의 인기 배우로 떠오른 김염도 있고, 안중근의 하얼빈 의거를 영화로 만들어 큰 화제를 모은 감독 겸 배우 정기탁도 있다.

　중국이 사회주의의 길을 걷게 된 후, 한국 영화계는 중국 본토와는 다소 멀어진 대신 홍콩과의 합작을 이어갔다. 1950년대 이후 홍콩 영화는 쇼 브라더스 등을 중심으로 폭발적으로 성장했고, 한국 배우와 감독들의 홍콩행이 이어졌다. 생각보다 많은 영화인들이 한국과 홍콩을 오가며 합작했다. 가령 황정리, 김태정, 왕호, 황인식 등의 한국의 액션 배우들이 홍콩에서 활발히 활동했고, 성룡, 주윤발, 홍금보 등도 한국에서 영화를 찍기도 했다. 자, 그리고 지금 이야기할 정창화 감독도 있었다.

할리우드의 유명 감독인 쿠엔틴 타란티노의 <킬 빌>은 알려진 대로 무협 영화에 대한 오마주가 넘치는 영화다. 그중에는 <죽음의 다섯 손가락>에 대한 오마주도 포함되어 있다. 그런데 흥미롭게도 이 영화의 감독이 우리 한국인이다. 바로 정창화 감독이다. 이 영화가 미국에서 개봉되어 흥행 1위를 찍었다. 멋지지 않은가.

정창화 감독은 1928년생으로 현재 미국에서 살고 있다. 1953년 한국전쟁 시기 <최후의 유혹>이라는 작품으로 데뷔했다. 이후 정력적으로 작품 활동을 하는데, 전후 척박했던 한국 영화계에서 특히 액션물을 개척한 감독으로 평가받는다. 가령 1960년 작인 <햇빛 쏟아지는 벌판>은 박노

우리는 누구나 무협을 꿈꾼다

식, 김승호, 허장강, 황해 등 당대 스타들을 총출동시켜 만든 액션 스릴러 영화다. 1958년 작 <망향>이라는 영화는 한국·홍콩 합작 영화로, 이후 정창화 감독이 홍콩에서 활동하게 되는 기반을 마련한 작품이었다. 당대 아시아 최대의 영화사로 명성을 날리던 쇼 브라더스는 새로운 무협 영화를 만들 요량으로 한국의 정창화 감독을 초청한다. 이미 다수의 액션 영화로 이름을 날린 정창화는 1969년 <천면마녀>를 시작으로 <여협매인두>, <육자객>, <래여풍>, <천하제일권> 등 여러 편의 무협 영화를 연출했다. 그중 <천하제일권>은 홍콩에서의 흥행은 물론 북미에서도 개봉되어 첫 주 1위라는 기염을 토했다. 북미 개봉 시에는 <죽음의 다섯 손가락>이라는 이름으로 개봉되었다. 이 영화는 할리우드의 악동 쿠엔틴 타란티노의 역작 <킬 빌>에서도 오마주되었고 영화 속 독특한 음악 역시 차용되었다.

정창화는 쇼 브라더스는 물론 홍콩 영화계를 양분했던 영화사 골든 하베스트와도 손을 잡고 여러 편의 영화를 연출했다. <흑야괴객>, <파계> 같은 영화가 대표적이다. 1977년 귀국하였고 이후 영화사를 설립했다. 몇 편의 영화를 만든 뒤 은퇴하고 1984년 도미, 현재까지 미국에서 거주하고 있다.

자, 말 나온 김에 그럼 세계적으로도 알려져 있는 <죽음의 다섯 손가락>에 대해 좀 알아보자. 이 영화는 1972년 작으로 쇼 브라더스 제작이지만, 우리의 신상옥 감독도 공동 제작자로 이름을 올리고 있다. 당시 무협 영화에 단골로 나오던 나열이 주연을 맡고 있고 몇몇 한국인 배우들도 출연하였다. 원제는 <천하제일권>이다. 단순 명쾌한 복수극인데, 손을 불에 달군 독특한 철장 비법을 구사하는 점이 특히 인상적이다. 그때 여지없이 흐르는 효과음도 유명해서 킬 빌에서 다시 그 음악을 차용해서 쓰고 있다. 이 영화가 만들어지고 미국의 극장가에 걸리게 된 스토리가 흥미롭다. 정창화를 초빙한 쇼 브라더스는 그가 뭔가 기존의 홍콩 영화와는 뭔가 다른 영화를 만들어주길 기대했는데, 정청화 감독은 무협 영화를 만들겠다는 주장을 펼쳤다. 그렇게 되자 제작사는 별 지원을 하지 않았고, 할 수 없이 저예산에 별로 유명하지 않은 배우들을 기용해서 이 영화를 만들었다. 홍콩에서의 흥행은 그럭저럭 괜찮았고, 한홍 합작이란 타이틀을 달고 한국에서도 개봉되었다. 한국 개봉명은 <철권>이었으며 흥행은 나쁘지 않았으나 비평적으로는 혹평을 들었다. 이쯤에서 영화가 마무리될 수도 있었으나 자, 기회가 다시 찾아왔다.

　당시 이소룡의 인기가 날로 높아지고, 미국에서 이소룡

영화 <죽음의 다섯 손가락> 포스터

이 기획한 TV물 <쿵푸>가 시청자들에게 인기를 끌자 워너 브라더스에서 쿵푸 영화를 만들어볼 생각을 하게 된다. 그리고 시험 삼아 홍콩의 무협 영화를 극장에 걸어보기로 하고 작품을 물색하던 중 선택한 영화가 바로 <죽음의 다섯 손가락>이었던 것이다. 자, 그렇다면 왜 <독비도>나 <협녀> 같은 대히트작이나 이소룡의 영화를 걸지 않고 한국인이 만든 별로 유명하지 않은 영화를 선택했을까. 글쎄, 정확한 이유를 알 순 없지만, 무협에 익숙지 않은 미국인 관객에게 좀 더 쉽게 다가갈 수 있는 영화가 필요하지 않았을까. 중국인이 아닌 외국인인 한국인이 만든 무협 영화가 그런 수요에 더 부합하지 않았을까 싶다. 뭐, 운도 작용했을 것이지만 말이다. 어쨌든 그래서 극장에 걸린 <죽음의 다섯 손가락>은? 그야말로 대성공이었다. 흥행 1위를 기록했고, 이 영화는 최초로 미국에서 흥행 1위를 찍은 무협 영화라는 명예로운 타이틀을 얻게 되었다. 이렇게 일종의 '간보기'로 선택되었던 정창화의 <죽음의 다섯 손가락>이 돈을 벌자 워너 브라더스는 직접 쿵푸 영화를 만들기로 결심하고, 그래서 만든 영화가 이소룡의 <용쟁호투>였다.

영화 <아랑곡의 혈투> 포스터

자, 한 작품만 더, 1970년 작인 <아랑곡>에 대해서도 조금 이야기해 보자. <죽음의 다섯 손가락>보다 2년 앞선 작품인데, 이 영화에서도 나열이 주인공을 맡았다. 나열은 수많은 무협 영화에서 악역을 주로 맡았는데, 정창화 감독은 그를 주연으로 발탁하여 또 다른 이미지의 협객을 만들었다. <아랑곡>은 의리 넘치는 협객 나열이 위기에 처한 여인 리칭을 돕고 그들을 제거하려는 악당 무리와 한판 대결을 펼친다는 스토리다. 리칭 역시 당시 핫한 여배우로 한국에도 많은 팬들이 있었다. 한국에서는 <아랑곡의 혈투>라는 제목으로 소개되어 많은 인기를 끌었고, 영국에도 소개되어 좋은 반응을 얻었다. 장철, 호금전, 이한상 등 기라성 같은 감독들이 활약하는 홍콩 영화계에서 정창화 감독이 자신만의 무협 영화로 한자리를 단단히 차지했다는 점이 대단히 흥미롭고 또 짜릿하다.

정창화는 지난 2011년 부천영화제에서 장편영화 심사위원장을 맡아 관객을 만난 적이 있고, 2003년 부산영화제에서는 정창화 감독 특별전을 개최하기도 했다. 아무래도 오래전 은퇴하고 도미하여 영화계를 떠나 있다 보니 좀 잊힌 면이 큰 것 같다. 그래도 그가 전후 한국 액션 영화를 개척했다는 점, 그리고 홍콩으로 진출하여 큰 족적을 남겼다는 점 등은 영화사에서 작지 않은 업적이다. 그의 영화들이 좀 더 적극적으로 재평가되고 재조명되기를 희망해본다.

Chapter 6.
70년대 무협 영화 수작들

Chapter 6.
70년대 무협 영화 수작들

앞서 60, 70년대 중국 무협 영화를 대표했던 전설적인 감독과 배우, 그리고 영화들에 대해 이야기해보았다. 사실 그것은 일부일 뿐이고 살펴봐야 할 영화들이 수두룩하다. 그중에서 인상적인 몇 편을 뽑아 다뤄보고자 한다.

<보표>

1969년작 <보표>는 왕우가 쇼 브라더스를 떠난 후, 장철이 신진 배우 강대위와 적룡을 기용해 만든 영화다. 이 두 배우가 왕우의 빈자리를 훌륭히 메꿔주었고, 거기에 당대 최고의 스타로 떠오른 리칭이 여주인공으로 출연하여

<보표>
장철 감독, 강대위·적룡 주연, 1969년

더욱 화제가 되었다. 제목에서도 알 수 있듯이, 물건을 운송하는 표국을 둘러싸고 그를 지키려는 검객과 그것을 빼앗으려는 악당들과의 대결을 주요 줄거리로 삼고 있다. 이 영화에서는 특히나 강대위의 활약이 인상적인데, 고독하면서도 자유분방하고 누구에게도 굽히지 않는 꼿꼿한 검객 역을 잘 소화했다. 첫 주연을 맡은 강대위는 영화가 대흥행을 하며 새로운 무협 스타로 거듭났다. 절정의 미남자 적룡도 이 영화를 통해 큰 인기를 끌게 되었다.

<보표>는 이 시기 무협 영화의 수작으로 손꼽히는데, 여타의 영화들과 차별되는 지점이 있다. 여배우 리칭이 적룡과 강대위 사이에 위치하며 묘한 삼각 구도를 형성하면서 거친 남자들의 세계를 다루는 무협 영화에 멜로적인 부분을 가미해 더욱 흥미를 돋웠다는 점이다. 보통 엉성한 로맨스가 더해지면 영화가 유치해지거나 산으로 가는 경우가 많은데, 이 영화 <보표>에서의 로맨스는 적당히 중심을 잡으면서 영화를 더욱 흥미롭고 또한 비장하게 만드는 데 일조하고 있다. 감독 장철은 <독비도>에 이어 이 영화 <표국>을 성공시키면서 최고의 흥행 감독으로 우뚝 서게 된다. 무협 영화를 좋아하는 이라면 빠뜨릴 수 없는 작품이라고 할 것이다.

<복수>
장철 감독, 강대위·적룡·리칭 주연, 1969년

<복수>

<복수> 또한 장철 감독의 작품이고 강대위, 적룡이 콤비를 이룬다. 소설 『수호전』과 『금병매』에 등장하는 무송과 그의 형 무대, 그리고 반금련의 스토리에서 모티브를 가져와 만들었다. 즉 형의 아내를 노리고 형을 처참하게 살해한 이들을 상대로 처절한 복수를 펼치는 스토리다. 시대 배경은 물론 액션 스타일에도 변화를 주었다. 시대 배경을 근대로 바꾸고 액션도 칼이나 긴 창이 아닌, 맨손과 단검을 사용하는 액션을 선보인다. 일련의 무협 영화로 큰 성공을 거둔 장철 감독이 새로운 변화를 시도한 작품이라고 할수 있겠다.

요컨대 영화 <복수>는 곧이어 등장하는 이소룡에 앞서 근현대를 배경으로 하는 권격 영화의 본격적인 출발을 알린 영화라고도 할수 있을 것 같다. 즉 형식적인 면에서 이소룡의 영화들과 상당히 유사한 느낌으로 다가온다. 다시 말해 고대를 배경으로 칼과 창을 활용하고 문파 간의 갈등이나 사제지간에 얽힌 이야기를 주로 다루는 전통적 무협 영화와 현대적인 권격 영화의 중간 지점에 있는 영화이기도 하다. 형의 복수를 완성하는 강대위의 처절한 액션, 그리고 화려하고 강렬한 비주얼, 인상적인 음악이 박자를 맞추면서 흥행에 성공했다.

<유성호접검>
초원 감독, 종화·곡봉·나열 주연, 1976년

<유성호접검>

　<유성호접검>은 대만의 유명 작가 고룡의 원작을 스크린에 옮긴 작품이다. 1979년작이고 초원 감독이 연출을 맡았고, 종화, 곡봉, 나열, 이수현, 임청하 등이 출연했다. 흥행과 함께 작품성으로도 상당히 높은 평가를 받은 수작이다. 요컨대 70년대 무협 영화의 집대성이라는 평가를 많이 한다.

　자, 우선 원작자 고룡에 대해 좀 논해보자. 김용이 홍콩을 대표했다면 고룡은 대만의 최고 인기 작가였다. 그는 빠르고 간결한 문체와 강렬한 시각적 표현에 능했고, 반전을 거듭하는 스토리 전개가 특징이었다. 그리고 그의 소설을 주로 영화화시킨 감독이 바로 초원이었고, 그중에서도 이 <유성호접검>이 대표적이다.

　반전을 즐겨 쓰는 고룡의 작품답게 영화는 자객 맹성흔을 중심으로 한 문파 간의 배신과 갈등, 그 사이에서 고뇌하는 남녀, 인간의 야비한 욕망과 파멸 등을 다룬다. 이소룡과 성룡으로 이어지는 권격 영화의 인기 속에서 다시 한번 정통 무협 영화의 진수를 보여주는 작품이며, 다채로운 액션과 비장한 분위기가 인상적이다. 끝까지 의리를 지키는 협객들과 돈과 권력에 눈이 멀어 배신을 거듭하는 인간을 대비시키며 생각할 거리를 묵직하게 던지는 작품이기도 하다.

명성이 자자한 작품이니만큼 1990년대에 와서 양조위, 왕조현, 양자경, 견자단 등 호화 출연진을 앞세운 <신유성 호접검>이 제작되기도 했지만, 79년 원작에 한참 못 미친 다는 평을 들었다.

<옥중도>

이 영화는 1971년도 작품으로, 여러 무협 영화에서 악역 을 주로 맡았던 나열이 원톱 주연으로 열연했다. 특히 처절 한 죽음을 맞이하는 엔딩 신이 인상적으로 기억되는 영화 다. 원제는 <혈쇄천뢰>인데 우리에게는 <옥중도>라는 제 목으로 소개되었다. 이 영화는 흥미롭게도 한홍 합작 형태 를 띠고 있으며 한국 배우들도 여러 명 출연하고 있다.

때는 원나라, 몽고족이 송나라를 무너뜨리자 송의 충신 들이 끝까지 저항을 한다. 송의 충신이 감옥에 갇히자 그를 구하려는 협객들이 뭉쳐서 한판 대결을 펼친다는 스토리 다. 감옥이라는 공간이 주 무대가 되는 만큼 어둡고 폐쇄된 공간에서 벌이는 대결이 색다른 느낌을 준다. 주인공 나열 에게 힘을 보태는 여주인공으로 신예 배우 시사가 출연했 다. 여기서 잠깐 배우 나열에 대해 조금 이야기해보면, 왕 우, 강대위, 적룡 등 당대의 톱스타들에 비해 인지도가 낮

<옥중도>
신강 감독, 나열 주연, 1971년

앉고 악역을 많이 맡았다. 그러던 나열은 이 영화 <옥중도>와 비슷한 시기에 개봉한 <철수무정>에서도 선한 주인공을 맡아 열연을 펼쳤고 이를 통해 무협 영화에서 비중 있는 주연배우로 부상을 했다.

<옥중도>는 쇼 브라더스 소속으로 수많은 무협 영화에 출연했던 나열이 악역이 아닌 주인공을 맡아 존재감을 증명한 영화, 비장한 엔딩이 특히 인상적인 영화로 정리해볼 수 있겠다.

Chapter 7.
서극의 무협 영화

Chapter 7.
서극의 무협 영화

홍콩 영화의 르네상스맨, 아시아의 스티븐 스필버그, 80, 90년대 서극을 따라다니던 수식어다. 그만큼 서극은 홍콩 영화의 전성기 때 그 중심에서 맹활약했다. 단순히 일개 감독이 아니라 수많은 영화들을 기획, 제작하면서 홍콩 영화의 유행을 선도했다고 해도 과언이 아닐 듯하다.

서극의 장기는 많은 이들이 말하는 대로 오래된 술을 새 병에 능히 담아내는 것이다. 코미디, 느와르 등 다양한 장르에서 종횡무진했지만, 서극의 능력은 특히 시대물에서 빛을 더 발한다. 그리고 그중에서도 홍콩의 대표 장르이기도 한 무협 영화에서 더더욱 그러했다.

앞서 살펴본 대로, 홍콩에서는 60년대 쇼브라스더스와 70년대 골든 하베스트를 중심으로 수많은 무협 영화들이 만들어졌고 그것이 커다란 축을 만들었다. 자, 80년대 초부터 본격적으로 활동했던 홍콩 영화계의 파워맨 서극은 어땠을까. 그 또한 시대극을 즐겨 다루는 감독으로 무협 영화를 그냥 지나쳤을 리가 없다. 서극을 두고 "오래된 술을 새 술병에 담는 데 능하다."라고 한 말은 곧 옛이야기를 소재로 취하되 자신만의 새롭고 독창적인 스타일을 가미해 영화를 찍는 능력이 탁월하다는 말이다. 독창성과 대담무쌍, 그것이 서극이 추구했던 방향이었던 것이다.

서극의 무협 영화를 논하라면 역시 1983년 작 <촉산전>을 가장 먼저 거론해야 한다. <촉산전>은 중국의 유명 무협 소설인 <촉산검협전>을 영상화한 작품이며, 1984년 파리 국제 판타스틱 영화제에서 특별촬영상을 수상했다. 이 영화를 두고 서극 SF 무협의 출발이라고도 하는데, 그만큼 특수 효과를 대거 활용하여 독특하고 새로운 형식의 무협 영화를 만들어냈다. 고대 중국, 혼란한 천하를 바로잡으려는 협객들과 마귀들의 한판 승부를 그리고 있는 영화다. 원작 자체가 몽환적이고 기괴한 기담들이 넘쳐나는데, 서극에 그에 걸맞게 첨단의 특수 효과와 과감한 화면 구성으로

영화 <촉산전> 포스터

독특한 판타지를 완성했다. 지금 수준에서 보면 조악할 수 있으나 당시로서는 센세이션을 일으킬 만한 특수 효과들이었다. 다시 요약해보면 <촉산전>은 중국의 전통 무협물에 할리우드 판타지 기술을 접목시키며 큰 화제를 끈 영화다. 임청하를 새로운 여성 협객으로 이끈 작품이기도 하다. 서극은 2002년 정이건, 장백지, 장쯔이 등의 당대 톱스타들을 기용해 다시 <촉산전>을 리메이크 하기도 했다.

자, 두 번째를 꼽으라면 1990년작 <소오강호>이다. 김용의 소설을 원작으로 한 이 영화 또한 서극의 무협 영화에서 빠뜨릴 수 없는 작품이다. 무협 영화의 전설 호금전, 중화권 1급 액션 감독 정소동과 함께 공동 연출의 형식을 띠고 있지만, 실제적으로 주도한 이는 서극이라고 본다. 물론 방대한 원작을 2시간에 제대로 담을 순 없는 것이고, 이 작품의 특징은 인물들 간의 서로 밀고 당기는 심리를 흥미롭게 풀었다는 점이다. 한국에서는 이 영화보다 <동방불패>가 인기를 끌었는데, 그래서 나중에는 <동방불패>의 전편으로 많이 언급되기도 했다.

실존 인물이었던 황비홍을 구국의 액션 영웅의 이미지로 확고히 각인시킨 1991년작 <황비홍>도 빼놓을 수 없다.

영화 <소오강호> 포스터

영화 <황비홍> 포스터

서극과 이연걸 콤비의 시작이고, 이후 계속 시리즈화된 다른 작품들과 달리 웃음기는 싹 뺀 진지한 작품이다. 앞서도 말했듯이 1949년 이래 황비홍은 끊임없이 영화화되었는데, 가장 유명하고 또 울림 있는 작품이 이 1991년판 서극의 <황비홍>이 아닌가 싶다. 전성기 이연걸의 빠르고 힘있는 액션과 서극의 장기인 대담한 특수 효과가 제대로 결합된 명작이라 하겠다.

1995년 작 <칼> 또한 수작이다. 무협의 전설 <독비도>

를 서극식으로 풀어낸 작품이
다. 이연걸의 액션과도 또 다른
조문탁이 선사하는 날것 그대로
의 액션이 바로 이 <칼>인 것이
다. 개인적으로 리안의 <와호장
룡>과 함께 90년대, 2000년대
를 대표하는 무협 영화의 수작
이라고 본다. <와호장룡>이 부
드러운 동양화 같다면, <칼>은
거칠고 리얼한, 피와 땀과 눈물
이 범벅된 리얼 다큐 같다는 생

영화 <칼> 포스터

각을 해본다. 또한 제목에도 사용된 '칼'은 영화 속에서 마
치 살아있는 생명체처럼, 또 하나의 주인공처럼 느껴진다.

2005년 작 <칠검>은 김용과 함께 3대 무협 소설가로 불
리는 양우생의 소설 『칠검하천산』을 옮긴 작품이다. 각기
다른 배경을 가지고 각양각색의 무술을 선보이는 7명의 협
객들의 이야기인 이 영화는 오랜만에 정통 무협 영화의 맛
을 선사한다. 확실한 선과 악, 난세를 평정하러 다시 속세
로 복귀하는 협객들, 그리고 벌어지는 한판 승부, 다시 말
을 달려 어딘가로 떠나는 엔딩까지, 오랜만에 진득한 무협

의 진수를 느끼게 한다.

2010년에 만든 <적인걸>도 크게 보면 무협의 범주에 넣을 수 있는 작품이다. 80, 90년대 홍콩 영화계를 쥐락펴락했던 서극도 나이를 들어가며 힘이 빠지나보다 했는데, 그가 아직 '살아있다'는 것을 제대로 보여준 영화가 이 <적인걸> 시리즈가 아니었나 싶다. 당나라 때 실존 인물인 재상 적인걸을 소재로 삼아, 뛰어난 추리력과 무예 실력을 겸비한 인물로 재가공하여 이른바 중국판 셜록 홈즈 같은 흥미로운 이야기를 만들었다. 미스터리한 스릴러적 요소와 서극 특유의 화려하고 그로테스크한 화면 구성, 그리고 유덕화, 유가령, 양가휘, 리빙빙 등 톱스타들의 열연이 조화를 이루면서 볼만한 영화로 만들어냈다.

이처럼 서극은 80년대부터 현재까지 계속 무협 영화를 만들어왔다. 이번에 다시 한번 김용의 소설 <사조영웅전>을 영화화했다는데, 과연 어떤 모습일지 궁금하다. 김용은 생전 서극이 무협에 대해 잘 모르는 것 같다는 농담 섞인 말을 한 적이 있다. 하지만 중국 무협 영화에서 서극이 갖는 분명한 지분이 있다. 이제 70대, 노년에 이른 거장 서극이 펼쳐보이는 무협의 세계는 어떠할지 기대된다.

영화 <사조영웅전> 포스터

Chapter 8.
김용의 무협 소설과
영화화에 대한 단상

Chapter 8.
김용의 무협 소설과
영화화에 대한 단상

　지난 2023년 초, 가장 먼저 신작을 들고 한국을 찾은 외국 배우는 견자단이다. 견자단은 총감독을 맡은 왕정과 함께 <아침마당>에도 출연해 한국 팬들을 만났다. 그의 한국 방문은 신작 <천룡팔부-교봉전>을 홍보하기 위해서였는데, 의외였던 <아침마당> 출연 외에도 인기 예능 <런닝맨>과 한 유튜브 채널에도 출연하는 등 홍보에 적극적인 모습을 보였다. 수많은 액션물에 출연하며 현존 중화권 최고의 액션 스타로 군림하고 있는 견자단의 이런 모습에 한국의 많은 팬들이 무척 반가워했을 것 같다. 그가 들고 온 신작 <천룡팔부>는 주지하듯 중국 무협의 전설 김용의 대표작

영화 <천룡팔부> 포스터

중 하나를 스크린에 옮긴 작품이다. 김용과 견자단이라는 초특급 작가에 최고의 액션 스타, 그리고 국내에 수많은 무협 매니아들이 있다는 점을 생각해보면 한 번쯤 크게 흥행이 될 것도 같지만, 현실은 전혀 그렇지 않다. 견자단의 적극적인 홍보 활동에도 불구하고 <천룡팔부-교룡전>은 별 화제를 낳지 못하고 금방 밀려나고 말았다. 극장 관객 수는 2만 남짓이었다. 필자만 해도 별로 보고 싶은 마음이 일지 않았다. 그건 왜 그럴까, 잠시 뒤에 다시 이야기해보록 하겠다.

중국 무협을 말할 때 빠지지 않는 작가 중 하나가 바로 김용이다. 그의 많은 작품들이 중국을 넘어 세계적으로도 잘 알려져 있고, 중국인들은 그를 중국의 셰익스피어라고 칭할 정도로 애정한다. 흔히들 김용, 고룡, 양우생을 무협 3대 작가라고들 많이 말하지만, 그 영향력으로 보나 작품의 퀄리티로 보나 원탑은 단연 김용이다. 그는 잡다한 읽을거리나 서브컬처로 치부되며 한 수 아래로 취급되었던 무협 소설을 한 차원 높은 단계로 끌어올렸고, 그리하여 그의 작품을 전문적으로 평하고 연구하는 이들도 수없이 많다. 그처럼 김용의 무협 소설은 여러 의미에서 하나의 이정표다. 무협 소설의 사회적, 문화적 의미나 김용 무협 소설의 성취

등에 대해서는 기왕에 많은 말들이 있으니 굳이 여기서 재론할 필요는 없을 것 같다.

그의 작품들은 드라마와 영화로 수없이 반복되어 만들어지고 소비된다. 하도 많아 헷갈릴 정도인데, 그래서 앞에 연도를 붙여 몇 년도 판 작품 등으로 분류할 정도다. 사실 김용의 여러 무협 작품들은 그 편 폭이 방대하고 등장인물들도 수없이 많으며 스토리도 복잡하다. 그의 작품을 제대로 이해, 감상하려면 중국의 역사와 문화, 즉 시대적 배경에 대한 이해도 함께 이루어져야 한다. 그 안에는 또한 수많은 로맨스와 별의별 인연과 복수가 얽히고설켜 있어 굴곡진 스토리텔링이 계속 이어진다. 요컨대 간단치가 않다.

다음으로 김용 소설과 그것을 원작으로 한 영화에 대한 개인적 추억과 의견을 조금 이야기해 보겠다. 80년대 한국 출판계의 한 이슈였던 『영웅문』에 대해 한마디 안 할 수 없다. 필자도 『영웅문』을 통해 그를 처음 접했다. 당시 정식 판권 계약도 없이, 그의 사조 삼부곡을 한데 묶어 출판한 『영웅문』은 무려 800만 부가 팔렸다고 한다. 나는 80년대 말, 그러니까 고등학교 2학년 자율학습 시간에 『영웅문』을 좀 읽었던 것 같다. 밤 12시까지 강압적으로 이어지는 지루한 자율학습, 그 지긋지긋하고 무료한 시간을 보내기 위해 손에 잡히는 대로 책을 읽었다. 『영웅문』도 그때 읽었던 책 중의 하나였다. 요약하면 대략 순진하고 어리바리한 주인공이 여러 역경을 겪고 마침내 무공을 쌓고 무협으로 성장해가는 스토리인데, 그 안에 수많은 인물들, 다양한 공간들, 가족과 문파, 국가와 민족, 인연과 원한이 얽히고설키면서 대서사시를 이룬다. 그 시절 김용의 소설은 무협 소설의 대체적인 기능이 그렇듯, 현실을 벗어난 이런저런 상상의 나래를 펼치게 하는 일종의 판타지처럼 다가왔던 것 같다. 그렇다고 푹 빠져서 『영웅문』 전체를 열독한 것은 또 아니었다. 그냥 읽다 말다 하다가 또 읽고 하는 정도였다. 한창 혈기왕성한 사춘기 시절엔 무협 소설 외에도 읽을거리들이 많았다. 일본 대하소설 『대망』도 읽었고 이문열의 『삼국지』, 황석영의 『장길산』, 최인호의 『불새』 등등 이런저런 소설들을 많이도 읽었다. 김용의 『영웅문』도 딱 그 연장선상에 있다. 이후에도 김용의 소설을 따로 더 읽은 적은 없다.

그렇다면 그의 소설을 옮긴 드라마나 영화는 어떨까. 수없이 많은 김용 소설 원작의 드라마, 영화가 있지만 이상하게도 딱히 깊은 인상이 없다. 솔직히 드라마는 내 취향이 아니니 따로 챙겨본 적이 없다. 몇 편을 지나가듯 본 적이 있지만 역시 유치찬란하다는 인상만이 좀 남아있다. 이상하게도 그의 무협 소설이 영상화된 것 중에는 별로 잘된 것이 없다는 생각이 든다. 누구는 양조위가 나온 몇 년도 판이 좋네, 유덕화 버전이 좋네, 이연걸 버전이 좋네 하며 나름의 이유를 대지만 나는 별로 동의가 되지 않는다. 그냥 소설이 훨씬 좋았다는 기억이다. 영화는 어떨까. 영화 쪽으로는 1990년작인 <소오강호>와 비슷한 시기의 <동방불패>가 좀 괜찮다 싶고, 작품 속 인물인 동사와 서독을 데려다 왕가위 식으로 만든 <동사서독>이 그나마 좋아하는 작품이다.

두서없는 논의를 간략하게 요약해보자면 이렇다. 필자는 80년대 고교 시절 김용의 무협 소설을 좀 접했고, 그를 통해 얼마간의 재미를 얻었으며 중국에 대한 이런저런 상상을 할 수 있었다. 무협 소설을 한 단계 끌어올린 김용의 성취와 문화적 현상, 그 의미에 대해서는 적극 동의하고 깊은 흥미를 느끼지만, 개별 작품 하나하나를 다 읽을 만큼 작품 자체에 큰 재미를 느끼진 못했다. 영상도 그렇다. 무협 장르에서 그의 영향력이 큰 만큼 그의 작품들을 영상화하려는 시도가 잇따르는 것은 충분히 당연한 일이지만, 원작이 거대할수록 영상화 작업은 어려워질 수밖에 없다는 것을 김용 소설을 통해 재차 확인한다. 대개 스토리를 충실히 따라가려는 경우가 많지만, 그것만 가지고는 어떤 새로운 성취, 지평을 열기가 어렵다. 요컨대 소설과 영화는 문법이 완전히 다르기 때문에 감독에 의한 다각적 변주, 재해석의 작업이 더해져야 영화만의 창의성이 생길 수 있는 것이고 볼만한 작품으로 탄생할 수 있는 것이다. 그것이 쉽지 않은 것이다. 이번 견자단의 <천룡팔부-교봉전>이 안되는 것도 그런 이유에서일 것이다.

2024년, 중국 무협 소설의 전설 김용 탄생 100주년을 기념해 그의 작품이 다시 봇물 터지듯 영화화, 드라마화되고 있다. 사실 그건 새삼스러운 일이 아니다. 중화권에서는 늘 그의 작품이 영화로, 드라마로 만들어져 소비되어 왔다. 어쨌거나 올해는 백주년이라는 나름의 명분이 더해져 그 열기가 더욱 뜨거운 것이다. 자, 올해 다시 터져나오는 많은 작품 중에 가장 관심이 가고 기대가 되는 프로젝트가 있으니, 바로 서극이 감독한 <사조영웅전>이다. 참고로 수십 부 작의 드라마 판 <사조영웅전>도 방영되고 있다. 사실 김용 소설이 워낙 편 폭이 크고 다루는 내용이 방대하다 보니 대개는 이렇게 수십 부 작으로 만드는 게 일반적이다. 2시간 남짓한 영화로 김용의 작품을 옮기는 일은 결코 쉬운 일이 아니다. 그래도 서극이 누구인가. 아무리 서극의 전성기가 지나갔다 한들, 그가 사극과 무협물에서 보여주는 능력이나 연륜을 생각해보면 어쩔 수 없이 기대를 하게 된다.

자, 그럼 김용의 소설을 영화로 옮겨 나름의 성과를 올린 작품들에 대해 논해보고자 한다. 두 시간 안에 이야기를 풀어내야 하는 영화의 특징상 방대한 스토리를 요령 있게 옮겨내기란 정말 힘든 일일 것이다. 더구나 깊이가 남다른 김용 소설이라면 더더욱 어려운 일인데, 그래도 몇 편의 영화를 이야기해보고자 한다.

정소동의 <동방불패>

1992년 작인 <동방불패>는 앞서 다룬 <소오강호>의 속편 격이다. 소설 속 인물인 동방불패를 주인공으로 내세워 만든 작품으로, 뭐랄까 상당히 독특하면서도 강렬한 영화라 하겠다. 특히 동방불패 역을 맡은 임청하의 매력이 상당하여 잊기 어렵다. 서극이 제작을 맡은 만큼 뛰어난 특수 효과와 신선한 화면 구성이 돋보이며, 나름의 예술성을 획득했다고 할 수 있겠다. 동방불패 임청하를 무너뜨리는 강호의 낭만 협객 이연걸의 매력도 빼놓을 수 없겠고, 요컨대 감독을 맡은 정소동과 제작을 맡은 홍콩의 스필버그 서극의 케미가 잘 살아있는 영화다. 일급 무술 감독으로 정평이 높은 정소동과 특수 효과의 귀재 서극, 두 사람의 합작이

정소동의 <동방불패>

커다란 시너지 효과를 냈다고 생각한다.

영화 <동방불패>의 성공 비결은 원작인 김용의 소설 <소오강호>의 스토리를 단순히 따라가지 않고 나름의 재해석과 다양한 관점과 화면 구성, 액션 설계 등 신선한 시도가 있었기 때문이라고 생각한다. 독창성과 대담무쌍을 무기로 내세우는 서극의 장기가 나름 빛을 발했던 것이다.

왕가위의 <동사서독>

왕가위의 1994년 작품 <동사서독> 역시 김용의 소설 <사조영웅전>을 기초로 하여 만든 영화다. 앞의 <동방불패>가 그랬듯이 왕가위는 소설 속 두 인물인 동사와 서독을 빼내어 자신만의 무협 영화를 만들었다. 그는 소설과는 별 상관없이 자신의 스타일을 가미하여 원작을 재해석하고 인생과 사랑, 상처에 대해 이야기한다. 또한 형식적으로도 기존의 많은 무협 영화들과는 다르게 일반적인 서술 방식에서 벗어나 시각적 형상을 극도로 추구하면서 독백, 방백, 대백 등과 같은 연극적 요소를 결합, 운용하고 있다.

요컨대 <동사서독>은 권선징악이라는 구도를 따르지 않고 대신 각 인물들의 내면을 디테일하게 묘사하는 영화다. 영화 <동사서독> 속 인물들은 하나같이 가슴 속에 지울 수 없는 상처를 안고 살아간다. 실타래처럼 엉킨 감정

왕가위의 <동사서독>

들, 예컨대 미움, 증오, 배신 등과 같은 감정들이 넘실댄다. 사막에 집을 짓고 10년간 청부 살인을 해온 구양봉 장국영은 마침내 움막을 태우고 서쪽으로 길을 떠난다.

왕가위의 많은 영화가 그렇듯 <동사서독>은 무협 영화의 외피를 두르고 있지만, 결국 이별과 상처, 번민과 방황과 같은 인간의 감정과 인생의 근본적인 문제들을 이야기하고 있는 작품이다.

Chapter 8. 김용의 무협 소설과 영화화에 대한 단상

Chapter 9.
90년대 무협 수작

Chapter 9.
90년대 무협 수작

자, 앞서 서극의 영화들을 중심으로 80, 90년대 무협 영화를 살펴보았다. 양으로 보나 열기로 보나 쇼 브라더스 시절에는 못 미치지만 이 시기에도 많은 무협 영화들이 제작되었고 사랑을 받았다. 그중에서 언급해볼 영화로 몇 편을 선정해보았다.

<신용문객잔>

호금전 감독의 전설적 명작 <용문객잔>을 리메이크한 영화로 1992년 개봉했다. 지금은 한 화면에 담는 것을 상상할 수 없을 정도의 초호화 스타들을 한곳에 모아 만든 영화

영화 <신용문객잔> 포스터

다. 황량한 사막에 위치한 객잔, 아름다운 주모 장만옥, 중성적 매력의 임청하, 수컷 향기 물씬한 양가휘, 그리고 초절정 고수인 견자단 등 쟁쟁한 배우들이 각자 열연을 펼쳤다. 그리하여 우리가 지금 상상하는 무협 영화의 멋진 이미지들이 이 영화에 가득하다.

환관이 득세하여 나라가 혼란에 빠진 시기, 환관 견자단은 반대파 정적을 없애기 위해 골몰한다. 그는 걸림돌인 양가휘를 제거하려 하고 그를 위해 정적의 아들딸을 미끼로 쓰려 한다. 변방으로 끌려가는 그들을 구하러 양가휘와 임청하가 달려가고, 객잔에서 그들은 한판 승부를 펼친다.

황량하면서도 아름다운 사막 한가운데에서 하늘을 가르고 땅을 치는 현란한 액션이 이어진다. 강호의 도를 지키기 위해 목숨도 던지지만, 사랑하는 여인을 향해 보이는 애절함은 관객의 마음을 흔든다. 임청하, 장만옥의 눈부시던 미모, 간지 제대로 나는 양가휘, 그리고 견자단의 악역 연기, <신용문객잔>은 정말 볼거리 가득하고 그림 제대로 나오는 영화다. 자, 무협 영화에서 자주 등장하는 객잔, 그 객잔은 단순히 밥 먹고 술먹고 잠자는 곳이 아니다. 강호의 고수들이 모여들어 뭔가를 보여주는, 화끈하고 낭만적인 공간인 것이다.

<자객신전>

<신용문객잔>과 비슷한 시기에 개봉한 영화, 우리에게
는 상대적으로 덜 알려진 영화지만 이 시기 숨은 명작이라
고 할 수 있다. 묵직한 연기파 장풍의와 미녀 관지림, 막소
총 등이 주연을 맡았다. 시원한 액션과 치열한 암살전을 보
여주는 영화로, 매니아들에겐 많은 사랑을 받았다.

때는 바야흐로 명나라 말기, 환관이 판을 치고 세력 다
툼을 벌이는 극도의 난세다. 그들은 세력을 잡기 위해 각자
자객들을 키운다. 그중 위충현이라는 작자가 최고의 자객
집단을 꾸려 경쟁자들을 제거하고 사람들 위에 군림하려
한다. 난세 속에서 조용히 살고자 했던 협객 장풍의는 위충
현의 계략에 빠져 자객 집단에 속하게 되지만, 옛 연인과
우연히 재회하게 되면서 자신의 일에 회의를 느끼고 조직
에서 이탈한다. 장풍의는 자신을 제거하려는 위충현의 공
격에 맞서고 마침내 그들 모두를 일망타진한다.

비정한 킬러의 이야기는 동서양을 막론하고 좋은 영화
적 소재다. 더구나 혼탁한 난세일수록 그들의 이야기는 도

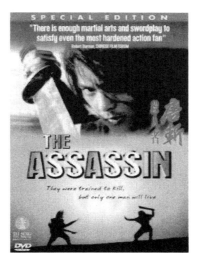

영화 <자객신전> 포스터

드라진다. 고독한 협객, 장풍의의 선 굵은 연기가 무척 인상적이었다.

<풍운>

때는 홍콩이 중국으로 반환된 후, 홍콩 영화 전반이 쇠락의 길을 걷고 있던 세기말. 도무지 이렇다 할 무협 영화가 나오지 않던 그 시절에, 한 편의 색다른 무협 영화가 등장해 많은 화제를 낳은 적이 있다. 바로 1998년 곽부성, 정이

영화 <풍운> 포스터

건이 주연을 맡은 소위 SF 무협 영화 <풍운>이 그것이다. 개인적으로도 오랜만에 극장에 가서 중국 무협 영화를 보게 된 것이었다. 한편으로는 CG가 너무 과하지 않나 싶기도 했는데, 그래도 그만하면 꽤 인상적인 영화였다.

서극이 SF 무협을 개척했고 이후 일련의 영화들이 그 맥을 이었는데, <풍운> 역시 그 연장선상에 있는 영화라고 하겠다. 만화가 원작인데, 만화의 상상력을 거의 그대로 구현하며 하나의 인상적인 모델이 되었다고 생각한다. 감독은 훗날 <무간도> 시리즈를 공동 감독하는 유위강인데, 역시 뭔가 남다르지 않았나 싶다. 단순히 특수 효과만 남발한 것이 아니라 나름대로 탄탄하고 드라마틱한 스토리를 잘 살려냈다.

배우 이야기를 좀 해야겠다. 원작이 만화인데, 곽부성, 정이건 둘 다 정말 만화에서 튀어나온 것 같은 매끈한 외모와 스타일을 자랑하는 배우다. 남자 배우를 꽃 같다고 수식하는 것은 좀 어색하지만 이 시절 두 배우의 미모는 정말 꽃처럼 아름다웠던 것 같다. 무협 영화는 대개 남자들에게 주로 어필하는 거친 상남자들의 이야기인데, 이 영화는 여성 관객들도 분명 환호했을 것이다. 순정 만화 속 주인공들 같은 비주얼을 보여주고 있으니 말이다. 영화의 흥행에 힘입어 풍운이라는 제목의 영화가 연이어 만들어졌고, 10년쯤 지나 곽부성과 정이건은 속편에 출연하기도 했다. 어쨌든 이 영화 <풍운>은 90년대 무협 영화에서 한자리 차지하는 영화라고 할 수 있을 것이다.

Chapter 10.
2000년대의 무협 영화 1

Chapter 10.
2000년대의 무협 영화 1

이번 챕터에서는 3편의 무협 영화를 다루고자 한다. 각각 2000년, 2002년, 2006년에 제작되어 흥행에 크게 성공하였고 비평적으로도 많은 화제를 낳았던 작품들이다. 60, 70년대 쇼 브라더스와 골든 하베스트를 중심으로 한 무협 영화의 전성시대, 90년대 서극 등을 주축으로 한 새로운 형식의 무협 이후 무협 영화는 주춤했다. 좀 더 구체적으로 말해 홍콩의 중국 반환 즈음을 기점으로 이렇다 할 무협 영화가 많이 나오지 못했다. 홍콩 영화 전반의 쇠퇴, 무협이라는 장르에서의 소재 고갈, 새로운 무협물 스타가 등장하지 못한 점 등등 많은 원인이 있었을 것이다. 물론 시도는 계속 있었고 때로는 열기도 있었다. 가령 2000년 리안의 <와호장룡>이 세계적 인기를 끈 이후, 한동안 중화권의 일급 감독들이 너도나도 무협 영화에 뛰어들기도 했다. 또한 지금도 여전히 많은 자본과 기술력을 투입하여 무협 영화를 만들고 있다. 하지만 이거다 싶은 영화는 아쉽게도 쉽게 발견되지 않는다.

자, 2000년대에서 주목할 만한 무협 영화 몇 편을 좀 다루어보고자 한다.

<와호장룡>

새천년이 시작되는 2000년, 세계 영화계에 한 편의 무협 영화가 나타나 큰 화제를 모았다. 바로 리안의 <와호장룡>이다. 워낙 유명한 영화고 지금도 많은 이들이 보고 있는 무협 영화의 우뚝한 봉우리다. 작가 왕도려의 동명 소설을 원작으로 삼고 있는데, 물론 소설의 줄거리를 그냥 따라가는 영화는 아니다. 참고로 왕도려라는 작가의 5편의 소설을 학철 5부곡이라 부르며, 그중 4번째가 이 『와호장룡』이다.

감독 리안은 이 영화 <와호장룡>으로 세계적인 흥행을 거두면서 이듬해 아카데미에서도 외국어영화상을 수상한다. 이로써 명실공히 세계적 감독으로 확실히 자리매김하

게 된다. 중화권의 톱스타 주윤발, 양자경, 장진, 그리고 무섭게 떠오른 신예 장쯔이가 열연했다. 그리고 또 한 명의 전설적 스타가 등장하니 바로 60, 70년대 무협 영화의 원탑 여주인공 정패패가 빌런 푸른 여우로 등장해 강렬한 존재감을 선사했다.

영화 <와호장룡>은 무협 영화의 외피를 두루고 있지만, 결국 누구도 자유로울 수 없는 인간의 욕망, 결핍에 대한 영화다. 최고의 무술을 가지고 있으나 스스로 자유로울 수 없는 신분의 용, 그가 그렇게 동경하는 자유로운 삶은 그러나 쉽게 얻을 수 없다. 수련은 어떤가. 그녀의 삶 역시 행복하다고 할 수 없다. 푸른 여우는 용으로 하여금 전통적 여인의 삶을 버리고 자유롭게 살라고 종용한다. 리무바이는 또 어떤가. 강호를 떠나 현실로 복귀하려 하지만 그 또한 쉽지 않다.

흔들리는 정체성은 리안이 끊임없이 탐구해온 필생의 주제다. 영화 속에서 무쇠처럼 단단하지 못하고 계속해서 흔들리는 칼끝은 인물들의 혼란스러운 정체성을 은유한다고 보여진다. 청명검을 두고 전개되는 두 가지 욕망도 그러함을 시사한다. 강호를 평정하고픈 용의 욕망과 강호를 떠나고자 하는 리무바이의 욕망이 동시에 보인다.

무협 영화로서 <와호장룡>이 갖는 멋스러움은 무엇인가. 철학적인 내용과 더불어 마치 한 편의 동양화를 보는 듯한 우아하고 부드러운 미장센은 감탄을 자아낸다. 대나무 숲의 대결은 두고두고 회자되는 명장면이고, 초반 양자경과 장쯔이가 맞붙는 액션 시퀀스는 놀라움의 연속이다. 무협 영화도 누가 만드느냐가 중요하다는 것을 제대로 보여주는 영화가 바로 이 <와호장룡>이다.

<영웅>

<와호장룡>이 전 세계 시장을 강타하자 대륙의 거장 장예모도 이를 의식한 듯 한 편의 무협 영화를 선보인다. 간단히 말하자면 작정하고 만든 대형 상업 영화로, 기존의 모든 흥행 기록을 깨뜨리며 숱한 화제를 모았다. 물론 격렬한

<영웅>
장예모 감독, 이연걸·양조위·장만옥·장쯔이·장진·진도명·견자단 주연, 2002년

비판이 따르기도 했던 영화다. 진시황 암살 시도라는 너무도 유명한 역사적 소재를 가지고 왔는데, 실제 역사와 다르게 전개시키는 전략을 사용했다.

익숙한 소재의 변주, 화려한 색채 운용, 그림 같은 액션 등으로 무장한 <영웅>은 중국을 넘어 세계적으로 흥행했다. 결국 <영웅>을 어떤 각도에서 보느냐에 따라 평가는 갈릴 수 있다. 가령 독창성을 중시하는 장예모 스스로의 고민과 세계 시장에 나가려는 전략이 담긴 영화이면서 동시에 강대국의 논리로 무장한 위험한 영화로도 보인다. 열악한 상태에 처한 중국 영화를 구원한 성공한 상업 영화이면서 동시에 자신만의 영화 세계를 구축한 장예모의 이전 영화와는 대척점에 놓인 영화이기도 하다.

자, <영웅>은 무협 영화로 액션의 화려함과 중국적 운치를 품은 풍경을 조화시키려 애쓴 영화다. 마치 무슨 공연장을 방불케 하는 여러 공간에서 각기 다른 다양한 무술을 선보인다. 기원, 청산녹수, 호수, 단풍이 쏟아지는 수림에서 각기 다른 인물들이 싸운다. 또한 마치 춤을 추듯 화살을 걷어내는 장면도 인상적이다. 그들의 대결에 피는 나오지 않는다. 폭력의 처리 방식이 기존의 무협들과 다르다. 죽기 아니면 살기 식의 살기(殺氣)가 없다.

색채 운용은 어떤가. 시각적 쾌락을 극도로 추구한 영화다. 붉은색의 강렬함, 푸른색의 온화함, 하얀색의 순수함을 혼합하며 다양한 의미를 만들어낸다. 말 그대로 시각적 성찬이다. <라쇼몽>을 참고한 듯한 서사 구조도 독특하다. 하지만 통속성을 고려한 듯 마지막에 가서는 진실을 밝힌다. 필자는 과거 논문에서 이 영화 <영웅>이 세계 시장을 겨냥한 중국 영화의 본격적인 변화와 전략이 담긴 작품이라고 분석한 바 있다.

<야연>

국제적으로는 리안이나 장예모보다는 덜 알려져있으나 중국 내에서는 그들 못지않은 지명도를 가진 흥행 감독 풍소강의 무협 <야연>도 21세기 초반 화제를 모은 영화다. 중국의 스필버그란 별명을 가진 풍소강은 사실 블랙코미디를 잘 만드는 코미디의 장인이었는데, 그 또한 웃음기를 싹 뺀 무협 영화를 선보인 것이다. <야연>은 말하자면 비장한 궁중 서사극이라 할 수 있는데, 『햄릿』에서 모티브를 따온 작품이기도 하다. 세트와 의상, 미술에 아주 공을 들였고 날렵한 무술로 무장한 채 네 남녀의 숙명적인 사랑까지 배치하여 관객의 마음에 파고든다.

장쯔이와 다니엘 우(오언조), 주신과 갈우 등 일급 배우들

<야연>
풍소강 감독, 갈우·장쯔이·오언조·주신 주연, 2006년

의 열연, 무술에 원화평, 음악에 탄둔까지 역시 에이급 스태프들을 대거 참여시켜 대작을 완성했다. 영화는 화려한 색채와 거대한 스케일, 손에 땀을 쥐게 하는 액션 설계를 갖추고 인간의 끝없는 욕망, 배신, 암투를 담아내고 있다. 특히나 마치 춤을 추듯 역동적이면서도 부드러운 액션 장면이 무척 돋보인다.

욕망과 질투에 눈멀어 무리수를 두는 장쯔이의 연기는 인상적이었고, 역시 권력과 욕망에 빠져 천륜도 어기면서 가족을 죽이고 형수를 차지하려 드는 황제역을 한 갈우도 역시 1급 배우임을 입증한다. 슬픔과 분노로 마음을 가누지 못하는 태자를 연기한 다니엘 우의 모습도 무척 인상적이었다. <야연>은 어찌 보면 협의의 구현에 무게를 두는 정통 무협 영화라기보다는 궁중 암투를 다룬 시대극으로 보는 게 보다 적절할지도 모르겠다. 하지만 무협 영화로도 결코 손색이 없는 영화다.

Chapter 11.
2000년대의 무협 영화 2

Chapter 11.
2000년대의 무협 영화 2

새천년이 시작하고 24년이 지났다. 강산이 두 번 바뀔 시간이니 짧은 시간은 아니다. 그 20여 년 동안 수많은 무협 영화가 만들어졌으나, 아쉽게도 명작, 수작이라고 할 만한 영화가 별로 없다. 그러나 명작 정도까지는 아니지만 그래도 언급해볼 만한 작품들이 없는 건 아니다. 주관적인 부분이 크긴 하지만 몇 편을 다시 꼽아보았다. 물론 이 외에도 언급해볼 영화들이 더 있을 것이다.

<연인>

장예모는 <영웅>을 발표한 지 2년 만에 두 번째 무협 영

<연인>
장예모 감독, 유덕화·금성무·장쯔이 주연, 2004년

화 <연인>을 선보인다. 유덕화, 금성무, 장쯔이를 주인공으로 내세운 작품으로, 시각적 성찬, 중국 무술과 중국적 운치가 가득한 화면에 공을 들인 점에서 <영웅>과 맥을 같이한다. 그리고 거기에 세 남녀의 얽히고설킨 감정을 가미해 애절함과 비장미를 더욱 강조하고 있다.

<연인>은 제목에서부터 느껴지듯이 정통 무협 영화와 좀 다른 길을 걷는다. 난세에 뛰어들어 약자의 편에서 사태를 해결한 뒤 표표히 사라지는 협에 익숙한 우리는 이 영화가 대의명분이 아닌 인간이 가진 뜨거운 감정, 즉 사랑에 대해 집중하고 있다는 점에 좀 놀란다. 유덕화, 금성무, 장쯔이는 하나같이 자신들의 사랑에 모든 것을 거는 모습을 보여준다. 등과 가슴에 칼을 꽂은 채 처절하게 외치는 그들의 연정은 묵직하게 다가와 이 영화가 무협인지 멜로인지 헷갈리게 만들기도 한다.

　　자, 여하튼 무협 영화의 백미는 역시 액션이라고 했을 때, <연인> 역시 그 기대를 저버리지 않는다. <연인>의 대결 신은 일단 기방에서 시작된다. 장쯔이의 춤과 무술은 영화의 전반주를 화려하게 장식한다. 다음으로 아무런 방패막이도 없는 허허벌판에서 관군과 벌이는 한판 승부도 엄청나다. 이어서 대나무 숲에서 벌어지는 신기에 가까운 액션도 압권이다.

　　개인적으로 필자는 이 영화를 보면서 새삼 중국어가 참 시적인 언어라는 생각을 좀 해봤다. 간결한 면에서도 그렇고, 조금 오버스러울 수 있는 표현들도 자연스레 전달되는 것을 보면서 그런 생각을 해봤다. 시대 배경이 고대다 보니 더욱 그런 느낌을 받을 수도 있었을 것이다.

<검우강호>

확실히 90년대 이후 무협 영화 속 여자 협객을 들라면 일단 양자경이다. <와호장룡>이 물론 정점이었지만, 양자경의 무술 연기는 리얼하고 또 자연스럽다. 실제로 발레와 무예를 익힌 덕분이었을 것이다. <와호장룡> 이후 10년, 양자경은 다시 한번 중화권 무협 여제의 진면목을 보여주었으니 바로 이 영화 <검우강호>를 통해서다. 우리 배우 정우성이 남자 주인공으로 등장하는 것도 인상적인데, 소위 한중 합작의 한 바람직한 예가 되지 않았나 싶다. 오우삼이 공동 감독으로 이름을 올린 것도 나에게는 흥미로운 대목이었다.

자, 때는 바야흐로 명나라, 반쪽으로 나뉘어진 라마승의 미라를 두고 강호엔 피바람이 분다. 그 미라를 차지하는 이가 천하를 제패할 거라는 소문이 돌기 때문이다. 미라 반쪽을 가지고 있는 무림 고수 양자경은 자신의 신분을 숨기고 평범한 아낙으로 살고자 한다. 자신을 바라보는 순진한 남자 정우성과 함께. 그러나 아무리 신분을 위장하고 모습을 바꾼들 무협의 운명이 바뀌진 않는다. 그녀를 쫓는 일당들이 들이닥치고 양자경은 한판 승부를 펼친다. 익숙한 듯 또 조금은 낯선 이 영화를 두고 수정주의 무협이라는 식의 설명도 좀 있었다. 요컨대 이런 것이다. 정의를 심판하는 무

<검우강호>
수 차오핑 감독, 양자경·정우성 주연, 2010년

림 최고수의 활약을 다루는 전통적인 무협에서 좀 비켜나 운명을 바꿔보려 발버둥 치는 무협들의 흔들리는 이야기를 담아낸다.

아무려나 이 정도면 얼마든지 재미있게 볼 수 있겠다는 생각이 드는 영화다. 양자경이 나온 무협 영화가 다 성공적인 것은 아니지만, 그래도 그녀가 나오는 무협 영화라면 이제 좀 믿음이 간다.

<용문비갑>

서극은 1992년에 호금전의 걸작 무협 <용문객잔>을 리메이크 한 <신용문객잔>을 만든 적이 있다. 홍콩 영화의 전성기 시절 막대한 제작비와 톱스타들을 대거 기용하여 만든 이 <신용문객잔> 역시 무협 영화의 수작으로 회자된다. 대륙 곳곳을 다니면서 담아낸 빼어난 미장센, 화려한 액션, 게다가 그럴싸한 러브스토리까지 잘 조화를 이루었다. 이처럼 이미 성공적인 리메이크를 했음에도 서극은 다시 20년 만에 또 다른 리메이크를 감행하니 이게 바로 <용문비갑>이다. 필자도 꽤 기대를 하고 봤는데, 글쎄, 기대에는 좀 못 미치는 작품이었다는 생각이다.

사실 정확히 말하자면 <용문객잔>의 리메이크라기보다는 92년 작 <신용문객잔>에서 이어지는 이야기라고 할 수

<용문비갑>
서극 감독, 이연걸·주신·계륜미·진곤 주연, 2012년

있다. <황비홍> 콤비로 한 시대를 풍미했던 서극과 이연걸이 다시 만난 작품이라는 점에서도 많은 화제를 모았다. 게다가 대륙의 톱 클래스 주신과 진곤, 그리고 떠오르는 대만의 톱 배우 계륜미까지 배우들의 매력을 보는 맛도 큰 영화기도 하다.

자, 용문객잔에 또 다시 전운이 맴돌기 시작한다. 낮에는 평범한 객잔이지만 밤이 되면 보물을 노리는 일당들이 들이닥친다. 60년 만의 모래 폭풍이 불면 보물을 볼 수 있을 거라는 소문이 돈다. 그러던 어느 날 의문의 두 여인이 객잔을 찾아오고 그들을 없애려는 무리가 또다시 들이닥친다.

<용문비갑>이 잘 만든 무협 영화냐고 묻는다면 좀 주저할 것 같다. 기대치가 컸던 만큼 실망도 컸기 때문이다. 소위 3D 영화를 표방했는데 CG가 다소 엉성한 부분이 있고, 여러모로 힘을 잔뜩 주긴 했으나 확실한 임팩트는 오히려 부족했다고 보여진다. 그래도 썩어도 준치라고 했다. 서극은 역시 서극이다 정도의 느낌은 주는 영화이고, 그의 무협 영화가 계속 이어질 것이라는 기대는 갖게 하는 작품이다.

<명장>

도시를 배경으로 한 섬세하고 따뜻한 멜로 영화로 어필했던 홍콩의 진가신 감독도 무협 영화에 도전했다. 중화권

<명장>
진가신 감독, 유덕화·이연걸·금성무 주연, 2007년

의 톱스타들을 대거 기용하여 1973년 장철의 <자마>를 리메이크했는데, 바로 <명장>이라는 영화다. 진가신이 무협을 만들면 어떨까, 개인적으로도 상당히 궁금했다. 결론적으로 <명장>은 꽤 인상적인 영화였고, 사실적인 액션이 특히 기억에 많이 남아있다.

<명장>은 청 말 태평천국을 둘러싸고 실제 벌어졌던 사건을 바탕으로 구성된 이야기다. 인간의 본성을 적나라하게 드러내며 생각할 거리를 묵직하게 던진다. 화려한 기교나 과장이 없다는 점에서 기존의 많은 무협극과 차별된다. 그리고 억지로 쥐어짜는 비장감이나 감정의 과잉 없이도 관객으로 하여금 자연스러운 감정 이입을 가능케 한다. 후반부로 갈수록 팽팽하게 조여오는 세 남자의 암투와 혼란도 좋았다. 죽어도 함께하겠다는 세 남자의 맹세라는 것도 인간의 욕망 앞에서는 한낱 치기에 불과하다는 것을 보여준다. 유덕화, 이연걸, 금성무의 캐릭터가 잘 살아있고 웅장한 전투 신도 볼만했다.

무협 영화에 대한 진가신의 도전은 꽤 인상적이다. 그는 이후에도 <무협>이라는 제목으로 자신의 두 번째 무협 영화를 만든 바 있다. 전설적 명작인 <독비도>를 차용했고, 왕우를 빌런으로 기용했는데, 명불허전의 엄청난 존재감을 보여준 바 있다.

\<섭은낭\>

자, 마지막으로 시기적으로 가장 최근의 영화이자, 대만의 세계적 거장 허우 샤오시엔의 무협 영화 \<섭은낭\>에 대해 좀 거론하고자 한다. 굴곡진 대만의 현대사를 담담하면서도 유려하게 담아내면서 세계적 감독으로 명성을 높인 허우 감독도 처음이자 마지막으로 무협 영화를 찍은 바 있다. 이 영화로 칸 영화제 감독상을 수상하기도 했는데, 원작은 당나라 전기소설 『섭은낭』이다. 앞서 진가신과 마찬가지로 자신만의 영화 세계를 확고히 굳힌 허우 샤오시엔이 말년에 무협 영화를 찍는다고 했을 때 호기심과 동시에 굳이 왜 무협인가 싶은 생각이 들었다.

역시나 허우가 만든 무협 영화는 일반적인 무협 영화와는 많이 달랐다. 요컨대 이게 무협인가 싶은 의문이 계속 드는 영화였다. 혹자들은 그래서 이 영화를 수정주의 무협이라는 식으로 설명하기도 했다. 글쎄, 개인적으로는 무협 영화로서 별 재미를 느끼지 못했다. 무협 영화라 함은 역시 화끈한 액션과 피 끓는 복수 같은 것이 있어야 할 텐데, \<섭은낭\>은 전혀 그렇지 않기 때문이다. 하지만 무협 또한 인간의 희노애락을 담고 인생의 이모저모를 논한다고 했을 때, 허우 샤오시엔의 무협 영화 \<섭은낭\> 역시 많은 생각거리를 던져주는 영화였다.

<섭은낭>
허우 샤오시엔 감독, 장진·서기 주연, 2015년

또한 역시 거장 허우답게 정중동의 미학, 산수화 같은 여백과 인간과 자연이 잘 조화를 이룬 멋진 미장센을 보여주며 색다른 경험을 선사한다. 그의 페르소나라고 할 수 있는 장진과 서기의 연기 앙상블도 역시 좋았다. 그리하여 <섭은낭>은 거장이 만든 색다른 스타일의 무협 영화, 정도로 정리해볼 수 있을 것 같다.

Chapter 12.
이인항의 무협 영화

Chapter 12.
이인항의 무협 영화

    지금까지 살펴본 대로 중국 영화계와 드라마계에서 무협물은 너무나 익숙한, 전혀 새로운 것 없는 소재다. 지금도 수없는 무협물이 만들어져 소비되고 있다. 하지만, 앞서 여러 번 언급했듯이 최근 들어 주목할 만한, 다뤄볼 만한 무협 영화는 거의 만나기 힘들다. 그게 참 이상하다. 더 커진 자본력, 첨단의 기술력, 전 세계 동시 개봉은 물론 극장 개봉이 어려운 나라에도 즉시 콘텐츠를 소개할 수 있는 온갖 새로운 플랫폼들이 다양하게 갖추어졌는데도 수작이라고 칭할 만한 무협 영화는 전혀 나오지 않고 있다. 어째서 그러할까. 물론 그 원인 등을 몇 가지 각도에서 다뤄볼 순 있겠지만 결국 다 공허한 이야기 같다.

그래도 개인적으로 2010년도 이후 중국 무협 영화, 조금 더 확대하여 시대극 중에서 관심이 가는 감독이 한 명 있으니, 바로 홍콩의 이인항(李仁港) 감독이다. 다뤄볼 만한 영화로 <삼국지-용의 부활(2008)>, <초한지-천하대전(2011)>, 그리고 <금의위-14검의 비밀(2012)> 세 편이 있다. 이인항은 1994년도에 장철의 무협 명작 <독비도>를 리메이크한 <독벽신도>로 감독 데뷔했고, 이후 이연걸이 주연을 맡은 <흑협>, 유덕화의 <파이터 블루>, 장국영의 또 다른 대표작이라 할 <성월동화> 등을 연출하며 유명 감독의 반열에 올랐다. 많은 영화들을 연출하면서 현대를 배경으로 한 액션, 애절한 멜로 등에서도 성과를 냈지만, 내가 볼 때 이인항의 장기는 역시 무협(시대)물이다.

세계적 베스트셀러인 삼국지는 감독이라면 누구나 탐낼 소재지만, 워낙 방대한 스토리라 2시간 남짓한 영화로 옮기기가 쉽지 않다. 따라서 90부작, 100부작 드라마로 만들어지는 경우가 많았다. 홍콩의 액션 거장 오우삼도 젊은 시절부터 적벽대전을 영화화할 생각을 했지만 여러 여건상 쉽지 않았다는 말을 한 적이 있을 만큼 삼국지를 영화화하는

영화 <삼국지-용의 부활> 스틸 컷

일은 부담스러운 작업이었을 것이다. 2008년 베이징 올림 픽을 전후로 몇 편의 삼국지 영화가 만들어졌는데, 제일 먼 저 포문을 연 이가 바로 이인항이었다. 이인항은 삼국지 속 인물 중에서 조자룡에 주목하여 <삼국지-용의 부활>이란 영화를 선보였다. 반신반의하며 영화관에 들어간 것에 비 해 작품은 꽤 볼만했다. 유덕화, 홍금보, 매기 큐의 연기 앙 상블도 좋았고, 그들 간의 관계를 통해 인간의 뜨거운 욕망, 실존주의, 운명론 등을 입체적으로 그려낸 것도 인상적이었다. 단순하게 삼국지의 스토리를 따라가는 영화가 아니라 더 좋았던 기억이 난다. 개인적으로는 사극에 나오는 유덕화도 멋있구나라는 생각을 하게 된 영화이기도 했다.

이인항은 <삼국지-용의 부활>에 이어 <초한지-천하대전>을 연출했다. 익숙한 초한지 이야기 또한 삼국지와 마찬가지로 영화로 옮겨내기가 쉽지 않은 작업이었을 텐데 이 정도면 성공적인 작품이라고 본다. 주연 배우들의 면면과 연기도 인상적이었고 각각의 싱크로율도 좋았다. 특히

영화 <초한지-천하대전> 스틸 컷

하이라이트이기도 한, 홍문연에서 바둑을 두며 범증과 장량이 지략 대결을 펼치는 장면이 무척 흥미진진했다. 장량에 이어 소하, 한신, 번쾌 등의 활약상과 그에 대한 묘사 역시도 재밌었다. 아무튼 이 영화는 진나라 말기, 그리고 천하를 두고 항우와 유방이 펼치는 대결을 그리는 초한대전을 이해하는 데 많은 도움이 되는 작품이다. 개인적으로 지금도 수업 시간에 자주 활용하는 영화이기도 하다. 참고로 루추안 감독의 <초한지-영웅의 부활>도 함께 본다면 더욱 흥미진진한 경험이 될 것이다.

중화권 최고의 액션 스타 견자단을 주연으로 내세운 <금의위-14검의 비밀>도 기억에 남는 무협 영화다. 2010년대 무협 영화를 꼽으라면 꼭 말하고 싶은 영화이기도 하다. 무협 영화를 무협 영화답게 만드는 것은 역시 화려하고 화끈한 액션일 터, 견자단의 힘 있고 다채로운 액션이 일단 시선을 잡아끈다. 사극에 잘 어울리는 조미의 역할도 괜찮았다고 본다. 요컨대 견자단과 조미의 매력을 십분 잘 살려낸 무협 영화이고, 빠르고 스타일리시한 액션이 뭔가 색다른 느낌을 전해준다. 견자단과 막상막하인 무술 내공을 보여주는 젊은 여성 빌런도 인상적이었는데, 견자단과 차별화된 액션을 보여주기 위해 상당히 공을 들인 듯하다. 스토

영화 <금의위-14검의 비밀> 포스터

리는 좀 빈약하고 새로울 거 없지만 그럼에도 액션을 위시로 한 많은 볼거리를 가지고 있는, 꽤 잘빠진 무협 영화라고 생각한다. 이 정도의 무협 영화라면 언제든 봐줄 용의가 있고, 감독 이인항은 무협, 시대극에 일가견이 있다고 할 수 있을 것 같다. 이처럼 시대극에서 실력을 인정받은 이인항은 이후 더욱 야심 찬 프로젝트를 진행하는데, 이전보다 규모를 더 확장해 성룡을 주인공으로 삼고 할리우드 배우 존 쿠삭과 에드리언 브로디까지 캐스팅한 대작 시대극 <드래곤 블레이드(2015)>가 바로 그것이다. 하지만 이 영화는 많은 화제를 모은 것에 비해 영화적 완성도나 깊이, 그리고 액션 등에서도 기대에 한참 미치지 못했다. 요컨대 대다수 중국 대형 상업 영화들과 별반 다르지 않게 국뽕이 가득 차오르는, 별로 할 말이 없는 영화였다. 2022년작 <청면수라>도 이른바 SF 무협을 표방하며 야심차게 만들었지만 외피만 화려할 뿐 가슴을 건드리는 한 방이 빠진듯한 느낌이다. 그래도 이인항이 이렇게 꾸준히 무협 영화를 만들고 있다는 점은 분명 주목해야 할 지점이다. 최근 들어 현대를 배경으로 한 대작들도 만들고 있는데, 개인적으로 그가 무협물에 좀 더 집중해주었으면 하는 기대가 있다. 그래도 그에게 기대를 걸고 있는 것이다.

Chapter 13.
정패패, 무협 여제들

Chapter 13.
정패패, 무협 여제들

2024년 7월, 중국 무협 영화의 여제 정패패가 78세를 일기로 세상을 떠났다. 정패패를 이야기하자면 가장 먼저 <대취협>을 거론해야 할 것 같다. 1967년 작인 이 영화는 무협 영화의 전설 호금전의 작품이자 정패패의 첫 주연작이다. 또한 쇼 브라더스에서 만든 수많은 무협 영화 중 처음으로 메가 히트를 기록하며 쇼 브라더스의 중흥을 이끈 명작이다. 국내에서는 <방랑의 결투>라는 제목으로 개봉되었고, 역시 엄청난 화제를 모았다. 정패패는 <대취협>에 이어서 또 다른 전설 장철 감독의 화제작 <금연자>에도 출연하여 자신의 입지를 확실히 굳힌다. 당시 <독비도>로 아시

영화 <대취협> 포스터

아 톱스타가 된 왕우가 무협 영화의 황제였다면, 여자로서는 정패패가 최고의 자리에 올라 검의 여왕, 무협 여제라는 호칭을 얻었다. 그렇게 60, 70년대를 풍미했던 정패패는 잠시 영화계를 떠나있다가 80년대 말에 다시 은막에 복귀했고, 2000년 작품인 <와호장룡>에 푸른 여우 역으로 출연하여 건재를 과시한 바 있다.

정패패는 발레를 배운 전력을 십분 활용하여 우아하면서도 힘 있고 빠른 액션을 선보이며 데뷔하자마자 톱스타가 되었다. 남자 배우들 일색이었던 무협 영화에서 여협객으로서 자신의 존재감을 확실히 보여주었고 독보적인 위치를 차지한 것이다.

60, 70년대는 쇼 브라더스를 중심으로 소위 홍콩 무협 영화가 전성기를 구가하던 시절이다. 물론 정패패 뿐 아니라 다른 여배우들도 무협 영화에서 주연을 맡으며 인기를 끈 바 있다. 가령 전설적인 작품 <협녀>와 <용문객잔>에서 주인공을 맡은 서풍도 엄청난 인기를 끌었고, <금의대협> 등의 무협 영화에서 원톱 주연을 맡았던 하리리, <14인의 여걸>의 능파, <철수무정>에 출연한 리칭 등은 당시 무협 영화에서 당당히 주연급으로 자리매김한 여배우들이다.

영화 <협녀> 포스터

　　무협 영화에서 여성 협객이 활약한다는 것이 한편으로는 생소할 수도 있겠으나 이 여협, 혹은 협녀의 이야기는 사실 역사가 꽤 오래된 것이다. 가령 가깝게는 청나라의 『아녀영웅전』이 여협객의 이야기이고, 멀게는 당나라의 『섭은낭』도 협녀에 관한 이야기다. 앞서 소개하시고 했던 대만의 거장 허우 샤오시엔의 영화 <섭은낭>이 바로 이 당나라 섭은낭의 이야기다. 호금전의 무협 영화 걸작 <협녀>

도 청나라 기담집 『요재지이』를 원작으로 삼고 있다. 답답한 봉건사회, 그중에서도 사회적 약자인 여성이 협객이 되어 불의에 맞서고 악당을 처단하는 이야기는 더욱 큰 통쾌함과 강렬한 카타르시스를 선사하는 것이다.

자, 이제 시간을 좀 돌려서 필자가 극장에서 동시대적으로 만났던 무협 영화 속 협녀들을 좀 이야기해보자. 역시 가장 먼저는 중성적 매력으로 폭발하는 카리스마를 뿜었던 임청하가 떠오른다. 사실 임청하는 73년에 데뷔하여 청초한 미모를 무기로 소위 청순가련한 여주인공으로서 스크린을 누빈 배우였다. 그러다 1983년 서극의 SF무협 <촉산>에 출연한 것을 시작으로 몇 편의 무협 영화에서 강렬한 카리스마를 발산하며 제2의 전성기를 열었다. 임청하 하면 역시 <동방불패>가 가장 인상적이고, 이어서 <신용문객잔>, <백발마녀전>, <절대쌍교>, <육지금마>, <동사서독> 등에서 보여준 짙은 매력과 카리스마 역시 일품이다. 극 중에서 임청하

영화 <육지금마> 스틸 컷

는 이연걸, 유덕화, 장국영 등 남자 톱 배우들과 멋진 케미를 보여주었고 특히 중성적 매력으로 관객들에게 어필했다. 30년 전 결혼과 동시에 은막에서 은퇴했지만 지금도 많은 사랑을 받고 있으며, 작년에는 금마장 영화제에서 공로상을 수상하기도 했다.

작년 아카데미 영화제에서 동양인으로서는 처음으로 여우주연상을 수상한 양자경도 무협 영화 속 여주인공으로 빼놓을 수 없다. 80년대 중반 액션 영화 <예스마담>으로 데뷔한 양자경은 이후 중화권의 대표적인 여성 액션 스타로 이름을 날렸다. 빠르고 힘 있는 액션은 독보적이어서 강한 인상을 남겼다. 당연히 무협 영화에서도 자신의 장기를 100% 발휘했다. 양자경표 협녀를 제대로 보여준 대표작으로 <와호장룡>과 <검우강호>을 꼽는다. 양자경의 선하면서도 위엄 있는, 뭐랄까 선 굵은 이미지가 협객의 그것과도 잘 맞아 시너지 효과를 낸다. 흥미로운 건 양자경 역시 정패패와 마찬가지로 발레를 전공한 경력이 있다는 점이다.

마지막으로 <와호장룡>과 <영웅>, <연인> 등의 무협 대작에서 빼어난 무술로 강렬한 인상을 남겼던 장쯔이에 대해 조금 이야기해 보겠다. <와호장룡>에서 가장 격렬한 액션을 보여준 배우가 장쯔이다. 신예 장쯔이는 극 중에서 양자경, 장진, 주윤발과 대결을 벌이면서 화려하고 강렬한 한편 때로는 부드러우면서 우아한 액션을 선보이며 시선을 잡아끈다. 장예모의 <영웅>에서 낙엽 지는 숲속에서 장만옥과 벌이는 대결도 아름다웠고, <연인>에서는 거의 신기에 가까운 무공을 보여주며 대체할 수 없는 매력을 보여준다. 개인적으로 장쯔이 이후 무협 영화에서 강렬한 인상을 준 여주인

영화 <연인> 포스터

공이 없는 것 같다. 몇 년 전 디즈니의 실사 영화 <뮬란> 속 유역비를 떠올려보았지만, 역시 좀 약하다는 생각이다.

정패패부터 장쯔이까지, 중국 무협 영화에서 통쾌하고 멋진 활약을 보여준 협녀들, 무협 여제들이 있었다. 앞으로도 그 뒤를 잇는 새로운 협녀들을 만나보고 싶다.

Chapter 14.
이연걸과 견자단

60, 70년대에 이소룡과 왕우가 있었다면, 80년대 이후 중국 무협 영화를 이끈 대표적인 스타로 이연걸, 그리고 견자단을 꼽을 수 있을 것 같다. 둘 모두 60을 넘긴 나이고 이연걸은 최근 활동이 뜸하기도 하지만 80, 90년대와 2000년대까지 이연걸과 견자단의 활약은 대단했다.

1. 구국의 액션 영웅 이미지, 이연걸

한때 이연걸의 인기는 정말 대단했다. 선하고 순박한 이미지에 아무나 흉내 낼 수 없는 절대 무공이 장착되어 매력이 극대화되었다. 특히 서극과 합작한 <황비홍>이 가장 대표적이었다. 물론 이연걸은 무협물뿐 아니라 현대의 여러 액션물에서도 진가를 발휘했고 아시아에서의 인기를 등에 업고 할리우드까지 진출하기도 했다. 하지만 뭐니 뭐니 해도 이연걸은 황비홍이나 방세옥, 곽원갑 같은 전통 협객을 연기할 때 가장 빛나지 않았나 싶다.

이연걸의 출세작은 1980년 <소림사>다. 어린 시절부터 무술을 연마하여 무술 대회에서 수차례 우승을 한 전력이 있는 이연걸은 십 대 후반에 나이에 영화 <소림사>에 출연하여 출중한 무술 실력을 뽐내며 단숨에 주목을 받았다. 중국 무협물에서 단골로 등장하는 이 소림사와 이연걸의 만남은 여러모로 성공적이었고, 이후 <소림사> 시리즈에 연이어 출연하였다. 한 단계 도약은 이후 이루어진다. 이연걸은 1991년 홍행의 마술사 서극을 만나 인생작 <황비홍>에 출연하여 중국을 넘어 아시아 톱스타로 부상하였다. 앞서도 살펴봤듯이 실존 인물 황비홍은 1940년대부터 줄기차게 영화화되었던 단골 소재였다. 자칫 진부할 수도 있었지만 최고와 최고의 만남은 역시 뭐가 달라도 달았다. 서극과 이연걸의 합작은 단연 빛났고 이 1991년도 판 <황비홍>은

영화 <소림사> 포스터

이후 황비홍 관련 영화의 한 모범적 사례가 되었다. 그 정
도로 탄탄한 줄거리와 화려한 액션, 그리고 적절한 시대정
신까지 담아내며 큰 인기를 끌었다. 대히트작이었으니 당
연히 계속 시리즈화되었고, 이연걸이 주연을 맡은 영화들
은 대체적으로 흥행에 성공했다.

이연걸은 <황비홍>뿐 아니라 <방세옥>, <동방불패>, <

소림오조>, <이연걸의 정무문> 등 90년대 중반까지 여러 무협 액션물에서 좋은 활약을 보여주었다. 역시나 인상적 인 포인트는 선한 이미지와 넘볼 수 없는 빠르고 힘 있는 액션에 있었다. 2000년대 들어서는 역시 장예모의 무협 대 작 <영웅>과 <무인 곽원갑> 등이 90년대를 잇는 이연걸의 무협 영화로 볼 수 있을 것이다. 가장 최근으로는 <황비홍 > 이후 서극과 다시 만난 <용문비갑>이라는 영화일 것이 다. 예전만큼의 스피디한 모습은 아닐지라도 그래도 무협 으로서의 이연걸을 다시 만날 수 있는 영화다.

영화 <황비홍2-남아당자강> 포스터

2. 현존 최고의 액션 스타, 견자단

현재 중화권 최고의 액션 스타를 꼽으라면 단연 견자단이다. 60을 넘긴 나이고 자신도 이제 액션 영화는 그만하겠다고 밝히기도 했지만, 여전히 그는 액션물에 출연하고 있고 이제는 영화계의 거물로서 직접 제작과 감독도 겸하고 있다. 최근에도 무협의 전설 김용 소설을 영화화한 <천룡팔부>에서 주인공을 맡은 바 있다. 앞서 거론한 이연걸과 견자단은 동년배고 실제 무술을 익힌 무도인이라는 공통점이 있다. 사실 이연걸의 전성기에는 견자단이 그렇게 주목받는 주연급 스타는 아니었다. 견자단은 좀 늦게 대성한 대기만성형 배우라고도 할 수 있겠다.

견자단이 액션, 그중에서도 무협 영화에서 존재감을 발휘한 것은 2000년대 들어서면서부터인 것 같다. 물론 그전에도 출중한 무술 실력으로 여러 영화에 출연했지만, '아, 이게 견자단의 매력이구나!'를 제대로 보게 된 것은 장예모의 <영웅>에서부터다. 견자단은 극 중에서 이연걸과 대결을 펼치는데, 말 그대로 고수와 고수의 대결이란 게 무엇인지를 시각적으로 완벽하게 연출해낸다. 그의 트레이드 마크이기도 한 진지하면서도 고독한 분위기는 전통적인 협객의 이미지와도 잘 들어맞는다.

<영웅>에 이어 견자단의 진가가 잘 드러난 무협 영화로
는 2000년대 중반의 <연의 황후>, <관운장>, <칠검>, <금
의위> 같은 영화들이 있다. 이제 당당히 주연급으로 발돋
움한 견자단은 본인만이 할 수 있는 강하고 빠른 액션을 내
세우고, 창과 칼을 자유자재로 다루면서 강렬한 인상을 남
긴다. 게다가 의리와 충정을 목숨처럼 지키는 무사의 진면
목을 누구보다 잘 구현하며 21세기 무협 영화의 한 아이콘
으로 부상한다.

영화 <관운장> 포스터

영화 <엽문4> 포스터

　　액션 스타 견자단 커리어의 정점을 찍은 영화는 역시 <
엽문> 시리즈일 것이다. 실존 인물이자 중국 무술의 권위
자인 엽문의 이야기는 강대국으로 성장한 현재의 중국에
안성맞춤인 소재였던 것 같다. 게다가 엽문은 세계적인 쿵
푸 스타 이소룡의 스승으로도 잘 알려진 인물이다. <엽문
> 시리즈는 대중적인 흥미와 애국주의 등을 적절히 섞으며
큰 인기를 끌었다. 견자단의 뛰어난 무술 실력과 진중하면
서도 인간미 있는 캐릭터가 영화와 잘 맞았다.

Chapter 15.
중국 무협 영화의
고질적 문제와 그 활로

Chapter 15.
중국 무협 영화의
고질적 문제와 그 활로

앞서도 여러 번 언급했듯이 중국에서 무협 영화나 드라마는 너무나 익숙한, 늘 만들어지고 소비되는 대중문화다. 또한 무협 콘텐츠는 중국에만 국한되는 것이 아니다. 우리나라만 해도 수많은 무협 마니아들이 있다. 최근 무협 웹툰 <열혈강호>의 장기 연재가 화제가 되었을 만큼 한국에서도 무협 콘텐츠는 인기를 끌고 있다. 개인적으로도 최근에 본 웹툰 <앵무살수>가 인상적이었다. 자, 각설하고 갈수록 커지는 자본력과 발달된 기술력으로 이 무협 관련 콘텐츠들의 규모 역시 점점 커지고 있다. 하지만 그에 비례해서 그만큼 수준 높은 작품들이 만들어지느냐 하면 그건 전혀

『열혈강호』 글: 전극진, 그림: 양재현, 대원씨아이

그렇지 않은 것 같다. 보다 보면 절로 실소가 새어나올 정도로 싱거운 작품이 있는가 하면, 판타지나 로맨스, 코믹의 요소 등을 무리하게 끼워넣는 통에 무협의 본질에서 점점 멀어져 산으로 가는 작품도 너무나 많다.

자, 무협 영화라는 우리 주제에 좀 더 집중해보자. 앞서도 살펴봤지만, 리안의 <와호장룡>이나 장예모의 <영웅> 이후 정말 수많은 무협 영화들이 만들어졌음에도 그와 대등하거나 그를 넘어서는 작품이 나오기는커녕 대부분은 그 근처에도 못 가는 것 같다. 이건 왜 그럴까. 뭐가 문제인 것일까.

더빙은 곤란

이건 무협 영화뿐 아니라 중국 영화 전반에 걸친 현상인데 예나 지금이나 후시녹음, 즉 더빙을 하는 경우가 너무 많다. 지금 시대에 더빙이라니, 몰입감과 현장감이 너무 떨어진다. 물론 중국적 특수 상황이란 게 있다. 중국어는 지역에 따라 워낙 방언도 많고 그 차이도 심한지라 관객들을 위해 표준어로 깨끗이 더빙을 해야 한다는 주장이 있을 수 있다. 하지만 그렇다 해도 지금 시대에 더빙은 정말 곤란하다. 자막을 이용하거나 더빙을 부가적 기능으로 전환하면 될 터, 배우들의 작은 숨소리도 연기인데 하물며 목소리를 지우고 더빙을 한다는 건 우리 시대에 맞지 않는다. 그건 정말 아니다.

무협 영화에 풀 메이크업이라니

무협 영화를 포함해 중국 시대극을 볼 때마다 너무 거슬리는 또 하나가 있다. 뭔가하면 여배우들이 하나 같이 짙게 풀 메이크업을 하고 나온다는 점이다. 예쁘게 보이고 싶은 마음은 십분 이해하나 리얼리티가 중요한 시대극에 이게 뭔가 싶다. 이 또한 몰입을 심하게 방해하는 요인이다. 또한 독특한 분위기나 공포감 등을 조성하기 위해 너무 생뚱맞고 그로테스크한 분장을 하는 것도 문제다. 가령 얼토당

드라마 <의천도룡기 2019> 포스터

토않은 염색이나 스모키 분장은 너무 심하지 않은가. 뿐만
아니다. 천편일률적인 복장, 소품 또한 문제다. 무협 영화의
복장은 꼭 이래야 한다는 규정이라도 있단 말인가. 사극 톤
에 맞게 하되 개성적인 복장과 소품을 적극 이용하면 좋을
것 같다.

허무맹랑한 스토리는 지양할 것

무협은 이른바 어른들의 동화라고도 할 수 있는데, 현실 세계를 훌쩍 뛰어넘는 시원함이 분명 있다. 따라서 어느 정도의 과장이나 상상력이 발휘된다는 것은 충분히 감안하고 볼 수 있다. 하지만 언제 어디서든 과유불급이다. 수많은 무협 소설이나 무협 만화들이 서브컬처로 치부되는 대표적 이유 중 하나가 여기에 있을 것이다. 무협 영화도 마찬가지다. 하늘을 날고 바람을 쏘고 나무에 오르거나 물 위를 걷는 것, 다 좋다. 허나 지나친 과장과 대책 없는 비약은 곤란하다. 소설이나 만화의 그 말도 안 되는 허풍을 똑같이 담아내려 애쓸 필요가 전혀 없다. 오히려 무협 영화는 좀 더 현실에 뿌리를 박고, 만화와는 다른 사실적인 화면을 만들어내는 데 공을 들이면 좋을 것 같다. 스토리도 마찬가지다. 상상력의 발현은 좋으나, 그래도 어느 정도 합리적이고 개연성을 갖추고 이야기를 전개시키는 것이 중요하다. 역사와 문화에 대한 깊고 넓은 소양이 뒷받침되는 것이 그러므로 무협 영화를 만드는 데 매우 중요한 요소가 될 것 같다.

이도 저도 아닌 잡탕이 문제

자, 앞선 지적들은 사실 부차적인 문제일 수 있다. 보다 근본적이고 중요한 문제는 많은 무협 영화들이 무협의 본질에서 점점 멀어지고 있다는 점이다. 다분히 흥행을 위한 고려겠지만, 현실에서 너무 벗어난 극도의 컴퓨터 그래픽을 추구하거나, 화려한 액션에 대한 강박을 보인다거나, 무엇보다 쓸데없는 잔가지들이 너무 많다는 게 핵심 문제다. 즉 판타지, 멜로, 코믹 등을 너무 섞어 놓다 보니 영화는 점점 산으로 가고, 결과적으로는 이도 저도 아닌 잡탕밥이 되기 일쑤다. 그러다 보니 관객이 신선함을 느끼기는커녕 실소를 터트리고 고개를 젓게 되는 것이다.

무협 영화, 어디로 가야 하나

그럼 대안은 무엇이냐. 어떻게 하면 좋은 무협 영화를 계속 만들어낼 수 있을까. 그에 대해 김용 소설을 깊게 연구한 북경대 진평원 교수의 말을 좀 귀담아들어 보자. 그는 『천고문인협객몽(千古文人俠客夢)』이라는 무협 소설 평론집에서 김용 소설의 성공 요인을 다각적으로 분석하며 명쾌한 해설을 한 적이 있다. 물론 구체적으로는 무협 소설에 대한 말이지만 그대로 무협 영화에도 적용할 수 있겠다. 김용 소설이 기타의 무협 소설과 차별되는 것은 역사에 대한 깊은 지식과 문화 수양의 풍부함에서 비롯된 것이고, 새 시대 무협 소설의 출구는 새 작가의 출현 및 전통 유협 정신과 시문의 흡수에 있을 것이라는 전망을 한 바 있다.

무협 영화도 마찬가지다. 그저 새로운 기교, 특수 효과를 남발하고 본질에서 멀어지는 요소를 자꾸 뒤섞으며 흥행성만을 높이려는 시도로는 결코 볼만한 무협 영화를 만들어내지 못한다. 역사와 전통문화에 대한 깊은 이해, 협의 본질과 그 정신을 지키면서 새롭게 해석하고 재구성하려는 노력, 신선하고 새로운 스토리, 새로운 배우 발굴 등 과감하고 새로운 도전이 잘 조화를 이룰 때 좋은 작품이 나올 것이고 무협 영화의 출구도 열릴 것이다.

Chapter 16.
한국에서의 중국 무협 영화

Chapter 16.
한국에서의 중국 무협 영화

　무협 영화는 중국 영화를 대표하는 하나의 장르가 되었다. 저 60년대 <협녀>와 <독비도>부터 70년대 이소룡, 80년대 성룡의 여러 영화들, 90년대 <황비홍>, 2000년대 <와호장룡>과 <영웅> 등의 무협 영화는 중국을 넘어 아시아 전역, 나아가 전 세계적으로 큰 화제를 모으며 사랑을 받았다. 지리적으로 바로 옆에 위치한 우리나라는 일찍부터 중국 영화를 접해왔고 서로 영향을 주고 받기도 했다. 당연히 중국에서 히트를 친 여러 무협 영화들이 우리 한국에서도 큰 인기를 끌었는데, 우리나라는 단순히 관객의 입장에서 그치지 않고 직접 무협 영화를 만드는 등 중국 못지 않은 무협 열기를 내뿜었다.

　자, 그럼 우리나라에서 큰 인기를 끌며 많은 화제를 낳았던 영화들을 시대순으로 대략 살펴보고자 한다.

　우리 한국에서 가장 먼저 인기를 끈 중국 무협 영화는 아마도 60년대 말 <대취협>, <독비도> 같은 홍콩 쇼 브라더스에서 만든 초창기 무협 명작일 것이다. 우리나라에서는 각각 <방랑의 결투>, <의리의 사나이 외팔이>라는 제목으로 소개되었다. 당시 홍콩에서 만들어지고 히트를 친 거의 모든 무협 영화들이 한국에도 소개되어 큰 인기를 끌었다. 왕우, 정패패, 적룡, 강대위, 나열, 하리리, 리칭 등의 주연 배우들은 한국에서도 많은 사랑을 받았다. <용문객잔>, <협녀>, <복수>, <강산미인>, <유성호접검> 등등 수많은 화제작들이 중화권에서는 물론이고 한국에서도 큰 사랑을 받았다. 호금전, 장철, 초원, 이한상 등 당대의 명감독들도 당연히 주목을 받았다.

　자, 쇼 브라더스가 주도한 무협 영화들은 새로운 스타 이소룡이 등장할 즈음 큰 변화를 맞는다. 요컨대 칼이나 창 대신 맨몸으로 싸우는 권격 영화들이 대세가 되었다. <당산대형>, <맹룡과강>, <용쟁호투>, <정무문>, <사망유희>

영화 <의리의 사나이 외팔이(독비도)>
한국 포스터

영화 <심야의 결투(금연자)>
한국 포스터

<이소룡 특별전> 포스터

까지 이소룡의 영화가 모두 큰 사랑을 받았고, 한국에서도 엄청난 인기를 끌었다. 이소룡의 등장과 더불어 적룡과 강대위, 왕우 등 당대의 무협 스타들도 앞다투어 맨몸 액션이나 단도를 사용하는 새로운 형식의 무협 영화를 선보였다. 사실 이소룡에 앞서 이른바 권격, 혹은 무술 영화를 만들어 큰 인기를 끈 사람은 왕우였다. 왕우가 직접 감독과 주연을 맡은 <용호투>가 그런 영화였다. 참고로 왕우는 그 후 <흑백도>, <독비권왕> 등에서도 그가 직접 감독과 주연을 겸했고 그 역시 크게 흥행했다. 1971년도 작품인 <독비권왕>은 한국에서 <외팔이 드래곤>이라는 제목으로 소개되었고 엄청난 인기를 끌었다.

70년대 말에 이르러서는 지금의 우리에게도 익숙한 새로운 스타가 등장했으니 바로 성룡이다. 이소룡과 왕우의 자리를 빠르게 대체한 이가 성룡이라 하겠는데, <취권>은 그의 본격적인 출세작이다. 한국에서도 엄청난 성공을 거두었고 서울 단관에서만 6개월간 장기 상영되며 무려 80만 명의 관객을 끌었다. 이는 엄청난 기록으로 두고두고 회자되었다. 또한 같은 해 개봉되었던 <사형도수> 역시 큰 사랑을 받았다. 성룡의 부상은 단순히 새로운 스타 탄생에 그치는 것이 아니라, 기존 무협 영화에 성룡표 코믹 쿵푸,

혹은 쿵푸 코미디라는 새로운 형식을 더했다는 의미도 있다. 성룡은 이후 현대물과 시대극을 오가며 다양한 액션 영화를 만들었는데, 그의 영화를 정통 무협 영화로 부를 수는 없겠지만, 그래도 <취권>, <사형도수>를 포함하여 <사제출마>, <취권2>와 같은 일련의 쿵푸 영화들은 큰 틀에서 무협 영화의 범주 안에 넣을 순 있을 것 같다.

자, 80, 90년대 중국 무협 영화는 서극, 정소동, 원화평, 이연걸, 견자단 같은 감독과 배우들이 주도했다고 볼 수 있겠다. <촉산>, <황비홍>, <동방불패>, <백발마녀>, <방세옥>, <칼>, <신용문객잔> 등등 홍콩에서 인기를 끈 무협 영화들은 고스란히 우리 한국에서도 많은 사랑을 받았다. 물론 80, 90년대는 그 이전처럼 무협 영화가 확고한 주류는 아니었고, 오히려 <영웅본색>을 위시한 느와르, <오복성>, <쾌찬차>, <폴리스 스토리> 등 현대의 경찰물이나 액션물 등이 더 큰 인기를 끌었던 시대였다. 아무튼 무협 영화의 맥은 끊이지 않고 이어졌다고 할 수 있다.

홍콩이 중국으로 반환된 후 홍콩 영화는 급격히 쇠락하였고, 한국에서도 홍콩 영화의 인기가 갈수록 떨어진 것이 사실이다. 무협 영화뿐 아니라 어떤 장르의 영화도 더 이상

영화 <와호장룡> 스틸 컷

큰 화제를 끌지 못했다. 그런 상황은 현재 더욱 심화되어가는 것 같다. 그래도 2000년대 이후 중국의 무협 영화를 꼽아보라면 어떤 것들이 있을까. 자, 첫손가락으로 리안의 <와호장룡>이다. 중국, 아시아뿐 아니라 전 세계적인 화제작이었다. 당연히 한국에서도 큰 사랑을 받았다. 그 열기를 이어받는 영화가 장예모의 <영웅>이었다. 한국에서도 300만 관객을 동원하며 큰 사랑을 받았다. 이어서 정통 무협이라기보다는 이소룡이나 성룡식의 쿵푸 영화에 가까운 주성

치의 <쿵푸 허슬>도 꽤 선전했다. 아마도 중국 무협 영화가 한국의 극장가에서 큰 화제를 모으며 흥행에 성공한 영화는 이 정도가 마지막인 것 같다. 그 뒤로는 영 시원찮은 반응들이었다. 그래도 기억에 남는 몇몇 무협 영화를 꼽으라면 대략 다음과 같은 영화들이다. 진가신이 무협 영화에 도전장을 내밀었던 <투명장>, 진혜림, 견자단, 여명이 주연을 맡은 <연의 황후>, 그리고 <영웅>에 이어 선보인 장예모의 <연인>, <황후화>, 견자단의 <명장 관우>, 서극과 이연걸과 조우한 <용문비갑>, 성룡의 <드래곤 블레이드> 등등이 그래도 기억에 남는다.

영화 <용문비갑> 스틸 컷

우리는 누구나 무협을 꿈꾼다

돌아보면 한국에서의 중국 무협 영화는 대부분 홍콩산 무협 영화들이고 홍콩 영화 자체의 흥망성쇠와 궤를 같이 한다. 60, 70년대를 전성기로 볼 수 있을 것 같고, 80, 90 년대는 더 커진 자본력과 기술력으로 한 단계 더 발전된 무협 영화가 사랑을 받았다고 할 수 있겠다. 2000년대 이후로도 무협 영화는 꾸준히 만들어지고 있으나 <와호장룡>, <영웅> 이후로는 큰 획을 긋는 화제작이 아직까지 나오지 않았다 하겠다. 한국에서 중국 영화의 열기는 식은 지 오래지만, 언제든 좋은 영화가 나온다면 한국의 관객도 기꺼이 화답할 것이다.

Chapter 17.
한국의 무협 영화

Chapter 17.
한국의 무협 영화

자, 이번 챕터에서는 우리 한국의 무협 영화에 대해 조금 논해보고자 한다. 앞서 챕터 1에서 다루었듯이 무협이라는 개념은 중국에만 있는 것이 아니다. 우리도 얼마든지 무협이라고 이름 붙일 수 있는 인물이 있고 역사적 사건들이 있다. 가령 우리 한국인들에겐 너무나 익숙한 홍길동이나 일지매, 임꺽정 같은 의적들을 예로 들 수 있을 것이다. 실제로 이들에 관한 이야기는 일찍부터 영화와 드라마의 좋은 소재가 되었으니, 50, 60년대에 이미 여러 영화로 만들어진 바 있다. 자, 다음으로 일본의 경우에도 수많은 사무라이 영화들이 있는데, 이름만 다를 뿐 그들의 영화도 무협의 관점에서 보면 얼마든지 무협 영화의 범주로 볼 수 있을 것이다.

물론 소위 말하는 한국형 무협 영화라고 한다면 60년대 홍콩의 무협 영화가 아시아 시장을 휩쓸 때, 그 분위기에 편승하여 만들어진 일련의 영화들을 본격적인 출발로 볼 수도 있을 것이다. 예를 들어 60년대 중반의 <나그네 검객 황금 108관>, <십오야> 등을 한국형 무협 영화의 출발로 보는 이들도 많다. 이런 영화들은 홍콩의 무협 영화들을 많이 참고하고 모방한 영화들이지만, 이어서 우리의 태권도를 소재로 삼는 등 우리의 무협 영화들도 변화를 추구하며 나름의 길을 걸어갔다고 할 수 있다. 앞서 살펴본 대로 정창화 등의 감독들이 직접 홍콩에 진출하여 무협 영화를 만들기도 했고, 왕호, 윤일봉 같은 우리 배우들이 홍콩에 진출하기도 했다. 그러면서 이른바 한국과 홍콩의 합작 영화들도 많이 만들어졌다. 이후 홍콩의 무협 영화가 좀 시들해지며 자연스레 한국에서도 무협 영화 제작이 거의 사라지다시피 했지만, 그렇다고 무협 영화의 명맥이 완전히 끊긴 것은 아니었다. 자, 그럼 지금부터 최근 한국에서 만들어진, 다뤄볼 만한 무협 영화들을 시간의 역순으로 좀 살펴보겠다.

영화 <살수> 포스터

　　2023년 개봉한 <살수>라는 영화는 정통 무협 영화로 볼
수 있다. 백성의 피를 빠는 탐관오리와 늙고 병들어 조용히
살고자 하지만 결국 그들의 횡포를 두고 보지 않고 칼을 드
는 검객의 이야기다. 이미 오래전 <비천무>, <은행나무 침
대> 등의 영화에서 협객의 이미지를 잘 구현한 신현준이
주인공 살수를 맡아 열연했으나 흥행에는 실패했다. 2015
년 당대의 톱스타 이병헌과 전도연, 김고은을 기용해 만든

MEMORIES OF THE SWORD

협녀, 칼의 기억

2015.08.13

영화 <협녀-칼의 기억> 포스터

무협 영화 <협녀, 칼의 기억>도 관객들의 관심을 끄는 데는 실패했다. 분위기와 구도는 나쁘지 않았지만 다소 좀 무거웠고 캐릭터들이 입체적이지 못하고 뭔가 안 맞는 옷을 입은 듯 자연스럽지 못했던 것 같다. 액션도 그리 인상적이지 못했으니, 시도는 좋았지만 아쉬움이 큰 영화였다.

조금 더 거슬러 올라가 2000년대 초반의 무협 영화를 살펴보면 <청풍명월>, <무사>, <비천무> 같은 영화가 생각난다. 최민수, 조재현이 절친했던 친구였지만 부딪힐 수밖에 없는 적으로 다시 만나는 영화 <청풍명월>은 배우들

영화 <청풍명월> 포스터

의 열연에도 불구하고 큰 주목을 받지 못했다. 너무 급격한 스토리 전개와 다소 억지스러운 설정이 좀 아쉬운 영화였다. 정우성, 안성기, 그리고 장쯔이가 주연을 맡고 중국 올 로케이션으로 찍은 무협 사극 <무사>도 큰 기대를 받았으나 막상 결과는 그리 좋지 못했다. 시도는 좋았으나 역시 무협 영화로서는 뭔가 좀 아쉬운 부분이 있는 작품이었다. 큰 창을 휘두르는 정우성, 그리고 척박한 사막 풍경 등은 인상적으로 남아있다. 동명의 인기 만화를 스크린에 옮긴

영화 <무사> 포스터

<비천무>도 기대에 미치지 못했다. 신현준, 김희선 등 당대의 인기 배우들을 주인공으로 썼지만 여러 면에서 좀 아쉬운 영화였다. 화려한 의상, 중국 무협 영화 못지 않은 과감한 액션 등은 그래도 인상적이었다.

영화 <비천무> 포스터

80, 90년대에도 간혹 무협 영화가 만들어지긴 했으나 특별히 인상적인 영화는 별로 없는 것 같다. 이제 조금 더 할 만한 이야기는 홍콩의 무협 영화가 전 아시아에서 큰 인기를 구가하던 시기, 우리나라에서도 다양하게 시도된 수많은 무협 영화 중에서 몇몇 작품에 대한 이야기일 것 같다.

일단 앞서 설명한 대로 정창화 감독의 작품들이 가장 대표적일 것이다. <죽음의 다섯 손가락>, <황혼의 검객>, <아랑곡의 결투> 등등 꼽을 만한 영화가 여러 편이다. 임권택 감독의 <십오야>도 한국형 무협 영화의 초기 대표작으로 꼽을 만하다. 자, 정창화에 이어 홍콩에 진출해 여러 편의 무협 영화를 연출한 감독이 또 있으니 김명용 감독이다. 그는 1973년 <하남별곡>이라는 한국 홍콩 합작 영화를 연출했고, 이어서 <쌍용비객>, <소림관문돌파>라는 영화도 만들었다. 이두용 감독의 <용호대련>, <돌아온 외다리> 같은 영화도 70년대에 만들어져 화제를 모은 무협 영화들이고, 변장호 감독의 <흑나비>도 당대에 인기를 모았던 영화다. 그 밖에도 윤일봉, 남석훈, 왕호 등 여러 배우들이 출연한 한국과 홍콩 합작의 무협 영화가 여러 편이 있다. 다만 이런 일련의 영화들은 한때의 유행처럼 지나간 면이 크고, 지금의 기준으로 보면 여러 가지 면에서 어설프고 낡은 구석이 많아 거의 언급되지 않는다.

그리하여 이렇게 정리해보고자 한다. 일단 한국에서 만들어진 적지 않은 무협 영화들이 있다. 그런데 이 무협 영화라는 것이 꼭 중국의 무협 영화를 본떠 만든 것은 아니라는 것이다. 우리도 홍길동, 일지매 같은 의적부터 시작해서 역사상 수많은 무사들과 협객들이 많았으니 그들을 소재로 한 영화들은 일찍부터 있어 왔다. 그것을 굳이 무협 영화라는 장르로 구분 지을 필요는 물론 없을 것이다. 가령 검객 영화, 검술 영화, 혹은 액션 사극, 액션 시대극이라는 이름으로 불러도 무방할 터이다. 일본의 유사한 영화들을 사무라이 영화, 찬바라 영화로 부르는 것처럼 말이다.

60, 70년대 홍콩의 무협 영화들이 워낙 인기를 끌다 보니 우리도 그 열기에 편승하여 비슷한 영화들을 많이 만들었고, 더러는 홍콩에 직접 진출하기도 했으며 또한 함께 합작의 형태로 만들기도 했다. 이 시기 영화들을 본격적인 한국형 무협 영화로 불러도 크게 이상하진 않을 것이다. 유행이 지난 뒤 한동안 한국에서는 무협 영화가 딱히 만들어지지 않았고, 2000년대 들어서는 간간이 명맥을 유지하고 있는 정도라 하겠다. 아쉬운 점은 크게 사랑을 받거나 화제가 되는 영화가 나오지 않는다는 점인데, 향후 멋진 작품이 나와주길 기대해본다.

에필로그.

우리 모두는 한 번쯤
협객의 삶을 꿈꾼다

    중국의 천재 시인 이백의 시 중에 「협객행(俠客行)」이라는 작품이 있다. 이백은 시에서 저 춘추전국 시대에 이름을 떨쳤던 협객들에 대해 말하면서 그들을 흠모했다. 또한 이백은 "예로부터 문인들은 협객의 꿈을 꾸었다(千古文人俠客夢)"라는 말을 한 적이 있다. 이게 무슨 말인가. 힘없고 나약한 문인들이 협객의 꿈을 꾼다는 것은, 온갖 불합리와 모순으로 뒤틀린 세상에서 비범한 능력을 가진 협객이 되어 시원하게 앞으로 나가보고 싶다는 뜻 아니겠는가. 예나 지금이나 답답한 현실을 무기력하게 지켜볼 수밖에 없는 지식인들의 바람을 드러낸 말이다. 아무것에도 구속받지 않고 자유롭게 살면서 불의를 보면 참지 않고 뛰어드는 인물들, 의리에 살고 의리에 죽는 사나이들의 세계, 얼마나 멋있고 한 편으로 낭만적인가. 그리하여 우리 모두는 한 번쯤 협객의 삶을 꿈꾼다.

필자도 무도를 좋아한다. 어린 시절 또래들이 그랬듯이 나도 태권도를 열심히 배웠고 좋아했다. 70년대 말 말죽거리 국기원에 가서 심사를 보고 유단자가 되었다. 태권도에 대한 관심은 중년이 된 지금까지도 이어져 취미 삼아 꾸준히 연습하고 있는데, 현재 공인 3단을 취득한 상태다. 앞으로도 실력을 꾸준히 갈고닦아 지도자 자격이 주어지는 4단까지 취득할 예정이며, 은퇴하면 시니어들에게 무료로 재능 나눔을 할 생각도 품고 있다. 대학에서 중국을 전공하게 되고 중국에서 몇 년 유학을 하다 보니 중국의 무술에 대해서도 자연스레 관심을 갖게 되고 또 배우기도 했다. 유학생들을 대상으로 한 태극권 강좌에 참여하여 태극권도 좀 배웠다. 지금도 운동 삼아 틈틈이 수련하고 있다. 또한 십여 년 전 한 방송사와 중국 여행에 나섰을 때, 복건성 천주에 있는 남소림사에 가서 소림 무술에 대해 자세히 보고 배우기도 했다.

본래 무도를 좋아하는 데다가 중국을 전공하게 되었으니 당연히 무협 영화도 좋아했다. 게다가 필자가 중국어를 막 배우기 시작한 80년대 후반은 마침 홍콩 영화의 전성기이기도 해서 삼박자가 제대로 맞은 셈이다. 개인적으로는 이연걸의 힘 있고 빠른 무술, 그리고 그의 진지한 태도가 가장 좋았던 것 같다. 성룡의 서커스 같은 익살스러운 액션보다는 이연걸의 사실적인 액션을 훨씬 더 좋아했다. 어쨌든 80, 90년대의 많은 무협 영화들을 동시대적으로 즐겼고 좋아했다. 이후 공부를 겸해 이전 시대의 무협 영화들도 찾아보게 되었다. 이를 통해 무협 영화를 더 좋아하게 되었고 나름의 견해와 시각을 갖추게 되었다.

마지막으로 무협 영화를 찍겠다는 포부를 좀 말하고자 한다. 필자는 지금껏 몇 편의 단편영화와 장편영화를 만들었다. 영화를 좋아하다 보니 보고 쓰는 것을 넘어 직접 만들게 된 것이다. 이러한 경험을 기반으로, 앞으로는 무협 영화 3부작을 제작하겠다는 원대한 계획까지 세우고 있다. 이것이 무협 영화에 대한 나의 애정과 열정 속에서 자연스럽게 태어난 인생의 새로운 목표 중 하나다.

자, 이번 책에서 중국 무협 영화에 대한 많은 이야기를 했지만, 무협은 결코 중국만의 전유물이 아니다. 우리 역사에도 얼마든지 무협이라 이름 붙일 수 있는 인물들과 사건들이 존재했다. 필자는 우리 땅에서 우리식의 무협 영화를 만들고자 한다. 사실 과거에도 그런 작업이 없었던 건 아니다. 책에서 언급한 정창화 감독의 활약이 좋은 예가 될 것이다. 그런데 그 맥이 끊긴 지 오래된 것 같다. 한국에서는 무협 장르가 안된다는 인식도 큰 것 같다. 그건 오해라고 본다. 좋은 스토리를 가지고 무협의 본질에 가 닿는다면 얼마든지 공감을 얻을 수 있다고 본다. 열심히 준비해서 꼭 멋진 한국형 무협 작품을 만들어 여러분 앞에 다시 찾아올 날을 기대한다.

에필로그. 우리 모두는 한 번쯤 협객의 삶을 꿈꾼다

참고 문헌

- 논문

강내영, 「중국 무협 영화의 장르 변천 과정 연구-<용문객잔> 시리즈를 중
    심으로」, 중국 문화 연구 22집, 2013

김현, 「무협 소설은 왜 읽히는가」, 세대, 1969

이종철, 「세계화를 향한 중국 영화의 새로운 징후-장예모의 <영웅>을 중심
    으로」, 중국어문학논집 24집, 2004

이종철, 「춘추전국에 대한 세 가지 시선-<영웅>, <묵공>, <연의 황후>」, 중
    국과 중국학 9호, 2009

최봉원, 「고대 중국의 「협」에 관한 연구」, 성균관대학교 논문집 26, 1979

- 단행본

문현선, 『무협』, 살림, 2004

송희복, 『무협의 시대』, 경성대 출판부, 2007

양수중 저·김영수 외 옮김, 『강호를 건너 무협의 숲을 거닐다』, 김영사,
    2004

오헌리, 『무협 영화』, 한숲, 2001

이종철, 『중국 영화, 르네상스를 꿈꾸다』, 학고방, 2006

『중국 영화의 거장들』, 학고방, 2008

『중국 영화에 반하다』, 학고방, 2008

『홍콩의 열혈남아들』, 학고방, 2012

이종철·박성배,『중국 영화의 인식과 담론』, 한국문화사, 2016

『중국 영화의 인식과 담론2』, 한국문화사, 2022

전형준,『무협 소설의 문화적 의미』, 서울대 출판부, 2003

우리는 누구나 무협을 꿈꾼다

: 무협 활극 탐구기

초판 1쇄 발행일 2024년 10월 31일

지은이 이종철

펴낸이 박영희
편 집 조은별
디자인 김수현
마케팅 김유미
인쇄·제본 제삼인쇄

펴낸곳 도서출판 어문학사
주 소 서울특별시 도봉구 해등로 357 나너울카운티 1층
대표전화 02-998-0094 **편집부1** 02-998-2267 **편집부2** 02-998-2269
홈페이지 www.amhbook.com
e-mail am@amhbook.com
등 록 2004년 7월 26일 제2009-2호

X(트위터) @with_amhbook
인스타그램 amhbook
페이스북 www.facebook.com/amhbook
블로그 blog.naver.com/amhbook

ISBN 979-11-6905-035-7(03680)
정 가 15,000원